基层合作治理案例与解析

胡艳蕾　高功敬　著

山东大学出版社
SHANDONG UNIVERSITY PRESS
·济南·

图书在版编目(CIP)数据

基层合作治理案例与解析/胡艳蕾，高功敬著.
济南：山东大学出版社，2025.4. --ISBN 978-7-5607-8824-1

Ⅰ. D63

中国国家版本馆 CIP 数据核字第 2025UA7795 号

责任编辑　李艳玲
封面设计　杜　婕

基层合作治理案例与解析

JICENG HEZUO ZHILI ANLI YU JIEXI

出版发行　山东大学出版社
社　　址　山东省济南市山大南路 20 号
邮政编码　250100
发行热线　(0531)88363008
经　　销　新华书店
印　　刷　济南乾丰云印刷科技有限公司
规　　格　720 毫米×1000 毫米　1/16
　　　　　11.5 印张　155 千字
版　　次　2025 年 4 月第 1 版
印　　次　2025 年 4 月第 1 次印刷
定　　价　29.00 元

本书为下列项目阶段性研究成果

山东省社科理论重点研究基地（“新时代社会治理与政策创新”研究基地）

2021年度山东省高校“青创人才引育计划”（“新文科地方治理融合研究”创新团队）

济南大学2024年学科交叉会聚建设项目（XKJC-202405）

前言

改革开放以来，我国基层治理体系日益健全，基层治理能力不断提升。然而在改革开放的不同阶段，基层治理也不断面临着新挑战与新问题。基层公共管理者如何充分应用公共治理工具，破解公共治理痛点与难点，打造共建共治共享的社会治理共同体，不仅是公共管理实践者关注的重要议题，也是公共管理学界亟须深入探索与破解的重要研究选题。

《基层合作治理案例与解析》一书旨在深入探讨复合型共治的路径与方向，为基层社会治理创新提供理论支撑与实践参考。本书从理论研究与地方实践的双重角度出发，精选了一系列基层合作治理的典型案例，深入剖析其成功经验与模式创新，以期为读者展现基层合作治理的多元面貌与内在机理。

本书基于我国基层合作治理发展的时间脉络，将改革开放以来我国基层合作治理实践划分为合作探索期、合作共建期、合作共生期，共撰写七个基层合作治理的典型性公共管理案例、一个多案例比较研究报告。案例主题涵盖生态环境、公共服务、公共安全、乡村治理等多元公共治理领域或公共事务治理议题，案例内容由案例正文与案例分析报告两大部分构成，以期为读者更为清晰、系统地呈现案例发生的基本样态、运作机制及其理论逻辑。

本书从合作治理的理论视角，多角度呈现中国基层管理者在中国式现代化进程中不断创新突破、破解治理难点的经验与教训，致力于通过案例研究讲好中国故事；同时，致力于为公共管理相关学科案例教学提供多样化、立体化的案例分析素材，培养相关专业学生发现问题、分析问题以及解决问题的能力，提升高层次、应用型、复合型公共管理人才培养成效。

作　者

2024 年 6 月

目录

上篇　合作探索期

中篇　合作共建期

下篇　合作共生期

上篇

合作探索期

案例一

水污染治理，政府难以承受之重[①]

X 河流水污染多元主体参与治理的艰难历程

随着我国经济的急速发展，环境污染问题日益严重，尤其是水污染问题，对社会公众的居住环境甚至身体健康产生负面影响。近年来，我国各级相关政府部门日益重视水污染治理，出台多种举措应对水污染问题。然而，水污染的反复性导致当前水污染问题已成为政府难以承受的沉重负担，其中 A 市多年来致力于推动多元主体参与 X 河流水污染治理的艰难历程是一个典型个案。本案例通过对 A 市 X 河流多元主体参与治理的全过程进行梳理，对政府的经济成本、制度设计、社会参与等问题进行归纳与总结，以分析当前水污染治理成为政府难以承受之重的深层原因。本案例基于两个视角展开分析思考：一是从生态责任主体界定的角度出发，分析当前我国环境污染治理中存在的责任主体单一化问题；二是基于合作治理的视角，分析政社合作治理是破解当前我国环境污染治理中政府兜底现状的必要路径选择。

① 案例解析中的主要数据资料源自 A 市相关政府部门文件及访谈资料。

(一)案例正文

改革开放以来,我国经济急速发展,工业规模急剧扩张,但同时伴随而来的是严重的环境污染问题,其中水污染问题近年来尤其严峻,不仅破坏了居民生活环境,而且给农业生产带来诸多负面影响。我国各级相关政府部门日益重视水污染治理,出台多种举措应对水污染问题。然而,水污染的反复性导致当前水污染防治已成为政府难以承受的沉重负担。其中,A 市多年来致力于推动多元主体参与 X 河流水污染治理的艰难历程是一个典型个案。

1.X 河流水污染治理的源起

X 河流是 A 市最重要的河流,发源于西郊 M 村西,东西向,流至北园又汇市内诸泉,流经多个地市后入海。X 河流为南宋时期金国开凿的运河。历史上,X 河流一直承载着 A 市的排洪、防涝、灌溉、航运等多种功能。曾经,X 河流是一条繁忙的河,金、元之后多以其运盐,故又称“小盐河”。

20 世纪 80 年代后,随着工业化步伐加快,X 河流两岸建起了千余家工业企业,而近一半企业缺乏污水处理设施。同时,由于城市化发展加速,沿河两岸人口大量增加,生活污水成倍增长。X 河流的水质受到严重污染,水产养殖和莲藕种植遭到毁灭性打击,再加上每年的枯水期达 4 个月以上,由于无清水补充,水质急剧下降,污染十分严重,X 河流成为一条脏河、臭河,鱼虾绝迹。沿岸地下水系也受到污染侵袭,两岸土质逐年退化,农作物大面积、大幅度减产,人民群众身体健康受到损害,同时对入海处海湾的水质也造成了严重的污染。

针对 X 河流的水污染问题,A 市于 2006 年、2007 年先后成立了市级 X 河流综合治理工程领导小组、工程建设指挥部,负责工程总体领导和组织协调。2007 年 6 月，工程责任主体——A 市 X 河流开发建设投融资管理中心正式组建。在 A 市 X 河流治理中，针对生态责任的监督管理问题，主要采取了下述三个方面的措施。

第一，建立并实施河道截污整治管理“河长”责任制。建立了以县(市)区和街道办事处(镇)党委、政府主要负责人为“河长”的目标责任体系，实施总河长与河段长制，明确河道管理范围、职责等信息，安装 184 块河长制公示牌，广泛接受各方面监督；制定印发《A 市河道整治管理实施方案》和《A 市城区内河道管理河长制考核办法》，明确截污治污、清淤疏浚和景观改造提升等七项重点任务；在 2012 年汛期之前，各区共投入资金 3000 余万元，全面完成城区河道清淤疏浚工作，完成清淤约 60 万立方米，全市城区河道的清淤总量比 2008—2011 年全市 4 年城区河道清淤量总和的两倍还多，是 A 市最大规模的一次清淤。加强城区河道截污治污前期工作，优化施工方案，集中对第一期实施的大辛河、兴济河、老八里桥沟等 24 条河道沿线排污口，以及上游雨污混流情况进行全面调查摸底，逐一研究确定推进程序，以确保河道整治工程及早开工、顺利推进；有序完成项目环评、立项等工作以及项目设计、招标工作。

第二，严重污染企业生态责任的治理改造，即根据环保标准，从源头控制污染，对严重污染的企业进行改造。对 X 河流域近百家企业进行重点排查，对发现的超标排污行为及时进行依法查处。强化三级监控网络，全方位加强流域污染监控工作。如先后对市区范围内的 30 多家工业企业实施搬迁改造，关停取缔 129 家小冶炼、2881 家小塑料加工业户，对 X 河流域内所有“十五小”“新五小”企业进行清理取缔。坚持“超标即应急”制度，针对 2012 年 6 月中下旬以来 A 市面临的市区河道集中清淤和 X 河源头因南水北调接口工程施工暂停东平湖调水等严峻形势，组织开展为期一个月的应急排查监测工作，对 X 河流域近百家企业进行重点排查监测，对发现的超标排污行为及时进行了依法查处。强化三级监控网络与

24小时值班制度，全方位加强流域污染监控工作。列入“十二五”规划的34家重点工业废水治理项目已有济南重汽卡车公司等10家企业完成限期治理任务并通过验收。以开展农村小康环保行动计划为契机，督促140多家规模化畜禽养殖场完成达标治理。

第三，建设X河流域乡镇生态责任机制，即引导激励X河流域内20个乡镇承担部分生态责任，如按照省政府X河流域生态环境综合治理现场会的要求，积极推进示范工程项目；严把环境标准，积极开展生态文明村、环境优美镇、生态示范区创建工作。截至2014年，X河流域内20个乡镇已建成或正在建设污水集中处理设施。此外，通过健全政府规章制度，强化中水回用和生态湿地工程建设。出台了《A市城市节约用水管理办法》等，规范中水设施建设、运行与管理，确保中水处理设施建设与项目建设同时推进。截至2014年，A市已建成中水设施170处。坚持以生物为本、道法自然的规划设计理念，把生态系统的恢复保护作为核心，把创造生物适宜生存成长的湿地自然生态系统作为目标，科学统筹、顺其自然，确保整个生态系统的生机与活力，努力打造以湿地资源保护、修复为前提，以科普教育、湿地休闲游赏、民俗观光、田园风情体验为主要内容，集生态保护、文化展示、休闲旅游等多功能于一体的国家湿地公园。

2.水污染治理成本不断攀升，X河流依然难“清澈”

通过对A市环保局水污染处理相关部门工作人员的访谈了解到，X河流域生态环境治理始于2007年，至2014年春季，政府部门投入的水污染治理资金已逾百亿元；然而，X河流的水污染问题依然没有得到根治，仍然存在着一系列问题。第一，污水、垃圾太多，处理不及时。一些企业偷排污水的情况屡禁不止，另外附近居民的生活污水、生活垃圾仍然存在着乱排、乱丢弃等现象，造成治理后的河水不断遭到重复性污染。第二，A市城市建成区范围内污水直排口太多,市区内生活污水未经处理直接排入 X 河流,生活垃圾太多,清理不及时,防护不完善,这就造成 X 河流的水质不清,环境恶劣。第三,湿地建设投资大,A 市财力相对不足。要把城市西部湿地打造成 X 河流域首屈一指的生态示范项目,需要耗费大量的人力、物力和财力,市政府资金短缺,短时间内无法满足庞大的资金需求。另外,X 河流域的四大景观观赏性不强,环境条件有待改善。第四,中水回用项目缺乏政策支持。中水回用项目缺乏相应的配套政策支持,回收利用率需要进一步提高。虽然 A 市的中水回用项目先进,中水回用设施较多,但缺少相应的政府政策支持也难以收到较好的效果。另外,提高回收的利用率也是一大问题。

此外,已建设的 X 河流景观带不仅乏人问津,而且很多地方已遭损坏,部分设施存在安全隐患。如一名网友在其博客上发表的《伤不起的 X 河流》一文中指出,X 河流的景观带游客稀少的原因主要有三:一是 X 河流沿途很多支流仍然时不时向 X 河流排污,导致河水的水质恶劣,游客不愿前来。二是 X 河流景观带单调且缺乏相关配套设施,导致游客稀少。三十多公里的景观带只有零星几个健身器械,没有其他吸引人的娱乐与餐饮设施。尤其两岸几十里路几乎没有公共卫生间,一些素质较低的游人甚至在河流沿岸随地大小便。三是景观带设施遭损坏,被破坏的护栏不下百余处,存在严重的安全隐患。从洪园桥到黄台板桥,沿途许多雕刻精美的护栏柱头被人砸断,有的地方甚至连着十几个柱头被砸断;有几处地方护栏丢失,河水深两三米,一旦失足掉下去,若不会游泳则很难自救,安全隐患问题突出。

这名网友指出:"历史上的 X 河流,曾经清澈见底,鱼虾成群,帆影片片,是我们当地人的骄傲。我们曾经不珍惜它,深深伤害过它。后来,我们认识到了它是我们当地人不可或缺的非常重要的一部分,所以我们花费巨大的人力物力财力来治理它。令人不解的是,既然我们已经认识到了它的重要性,又花费了那么多精力来治理它，为什么有些人还要再次伤害它？我们祖祖辈辈乃至子子孙孙都生活在这片土地上，X 河流滋润着我们的家园，装扮着我们的风景，我们有什么理由不珍惜它呢？X 河流伤不起。”

3.责任主体单一化，重复性污染问题层出不穷

地方政府生态责任机制的建设是地方生态环境保护的重要保障，目前 A 市政府部门在生态责任机制建设方面已取得一些成绩，如生态市建设的目标责任制、X 河流治理中的河长制等，但仍存在一些问题。地方政府部门的生态责任机制的建设是一个系统工程，生态责任的承担主体应为政府、企业、社会团体与普通市民，而目前 A 市的生态责任承担主体仍较为单一，缺乏企业、社会团体与普通市民的积极参与。在 X 河流污染治理过程中，成本全部由政府承担，水污染的监管工作亦几乎由政府相关部门承担，企业作为重要的责任主体严重缺位，社会团体与普通市民参与乏力。通过调查了解到，L 环保公益服务中心是唯一参与的环保类社会组织。

L 环保公益服务中心成立于 2012 年，是一个由民间自发筹备成立的公益环保组织，民政部注册为民办非企业单位。中心主要通过发动公众参与、开展环保监督行动、实施政策倡导等手段，致力于构建民间环境监督体系，使本土环境问题得到快速、有力的解决，让美好环境人人可享。中心目前主要开展中的项目包括 L 环保公益服务中心学苑公众倡导项目、环保公益服务先锋环境监督项目、护水网络项目、环境政务信息公开推动项目等。中心的组织定位是“做本省民间环境监督能力构建者”，使命是“通过构建民间环境监督能力，使本土环境问题得到快速、有力的解决”，组织愿景为“让美好的环境人人可享”。

L 环保公益服务中心属于没有任何官方背景的一个民间环保类社会组织，早期也经历了艰难的注册环节，最初主要以宣传教育为主，吸引更多爱省爱市的热心人一起推动地方环境质量改善。

2012年12月末，组织讨论决定转向关注环境污染。2013年3月至7月，L环保公益服务中心开展“邀请环保局开微博”线上倡导，参与推动了其所在省份17城市环保政务微博快速上线，并和省、市、县三级政务微博开展了良性沟通；9月，建议省环保厅在工业排污口设置公示标志牌，随后收到“获得采纳”的回复。2014年1月，省环保厅发布了《省污水排放口环境信息公开技术规范（试行）》（DB37/T2643—2014），对排污口公共区域信息公开和公众参与做出了制度化规定。2014年11月，省环保厅厅长在省绿色产业博览会&环境信息公开与公众参与论坛上公开赞扬L环保公益服务中心。与国内其他的环保类社会组织相比，L环保公益服务中心的发展在经历了早期的低谷期后，逐渐得到地方环保部门的高度认可。其积极参与X河流环保监督、企业排污口监督，组织热心市民和中小学生参加“环游X河”等活动，以提高市民的环保意识。

此外，一些热心的市民网友，如“未来未必来”“华夏风光”等，对X河流水污染问题较为关注，但由于缺乏规范、有效的社会监督渠道，仅限于在网络发声，即在微博、微信、大众论坛、市网络社区等网络平台上撰文，表达对X河流水污染问题的关注与担忧。

4.中国草根环保组织的生存与发展困境

1978年5月，中国环境科学学会成立，这是最早由政府部门发起成立的环保民间组织。随后，1991年辽宁省盘锦市黑嘴鸥保护协会注册成立，1994年“自然之友”在北京成立，由此我国环保民间组织相继成立。虽然目前我国环保类社会组织数量不少，但多面临合法性地位缺失、资金短缺、组织制度不健全等问题，造成其环境治理作用发挥有限。据北京市企业家环保基金会（SEE基金会）、万科公益基金会、明善道（北京）管理顾问有限公司联合发布的《2022中国环保公益组织现状调研报告》，目前在民政部门注册的生态环境类社会组织约7000家。[1] 中国政法大学环境资源法研究和服务中心发布的《NGO(非政府的民间组织)以法律手段推动环境治理调研报告》中指出,当前我国民间环保组织的发展模式主要有两种:一是自上而下,即具有政府背景,且有合法的法律地位;二是自下而上,即"草根"NGO。我国"草根"NGO难以注册取得合法身份的主要原因在于当前我国实施的双重审批制度,即当一个民间环保组织登记注册时,一方面需要业务主管单位的审批,另一方面需要行政主管单位的审批。相关专业人士指出,合法地位的缺失是民间环保组织运用法律手段进行环境治理所面临的挑战之一。

当前我国环保类草根组织的资金问题主要表现在以下两个方面:一是资金短缺。大多数环保组织没有固定的办公场所、办公设施,甚至员工的工资也难以发放,一些组织不得不从外援资金中扣除相应成本。二是资金缺乏监管。据一名媒体记者透露,在她采访的所有环保组织中,很多组织难以完完全全地、非常透明地回答资金来源的问题。

5.政府再次发力,X河流水质能复清吗?

2017年,A市人民政府办公厅发布《A市X河流域污染治理攻坚行动工作方案》,要求市发改委、财政、国土资源、规划、水利、市政公用、环保、城管执法等多部门联动,共同治理X河流的水污染问题,并要求2018年年底必须实现X河流水质复清,即水质由目前的劣Ⅴ类达到地表水Ⅴ类。主要工作方案如下:

第一,明确两大工作目标。一是"2017年城市建成区基本完成黑臭水体治理任务,黑臭水体控制在10%以内;城市建成区基本实现生活污水全收集全处理,实现市区水务一厂与二厂、一厂与三厂

---

① 参见北京市企业家环保基金会(SEE基金会)、万科公益基金会、明善道(北京)管理顾问有限公司:《2022中国环保公益组织现状调研报告》,2022年12月,https://www.xdyanbao.com/doc/e7vz3o8i0h? userid=57555079&bd_vid=6496713350667171488。

部分水量连通联调，初步具备污水处理厂检修期污水备用处理能力；L 河 XH 桥断面和 ZQ 沟入 X 河流处断面水质达到地表水Ⅴ类标准”。二是“2018 年 X 河流辛丰庄断面水质达到地表水Ⅴ类标准，城市建成区实现生活污水全收集全处理，具备污水处理厂检修期污水备用处理能力”。

第二，建立多部门联动工作机制。一是多部门联动的顶层设计。市环境保护工作委员会负责 X 河流域污染治理攻坚行动的组织领导和协调推进，及时研究解决工作中遇到的重大问题。市环境保护工作委员会办公室（设在市环保局）要切实发挥牵头服务、协调调度作用，定期通报有关情况，监督推进相关工作。有关区政府和市政府有关部门要加强组织领导，制定具体方案，压实工作责任，强化推进措施，确保各项工作落实到位。二是建立多部门联动的执法监管机制。水利、市政公用、环保、城管执法等部门要督促有关区严格落实河长制管理措施，并纳入网络化环境监管，切实加强 X 河流河干、支流河道巡查和污水泵站、管线等检查维护，依法查处超标排污、偷排偷放等违法行为，确保对影响河道水质的问题第一时间发现、解决。三是建立多部门联动的治污绿色通道。市发改、财政、国土资源、规划、环保、城管执法等部门和有关区政府要开设绿色通道，加快各类污染治理项目手续办理进度，按照 A 市重点项目建设推进管理有关规定，将符合市级重点项目标准的污染治理项目纳入年度计划安排，切实做好各项服务工作。

第三，体制内监督与体制外监督并举。一是建立严格的体制督查问责机制。市政府督查室负责会同市环保局对本方案落实情况进行督查，对相关项目进度、完成情况进行督办。对达不到时间节点进度要求的，由市环保局向市监察部门提出追责问责建议，市监察部门视情况对相关部门及责任人予以诫勉谈话、纪律处分等。二是健全社会监督机制。将 X 河流水污染治理和水质达标工作纳入“12345”市民服务热线、“12369”环保热线投诉处理和“A 市环保世纪行"等活动，并利用各类媒体加大宣传引导力度，创新环境保护公众参与模式，完善环保微博、微信工作体系，畅通市民投诉、信访渠道，自觉接受社会监督，及时发现和解决问题，形成人人爱河、护河的良好氛围。

政府各级部门积极地投入X河流水污染治理工作中，但据权威部门反馈，在经过一段时间治理后，X河流水质仍然为劣Ⅴ类，而相关部门负责人仍认为可以实现治污目标，即地表水Ⅴ类。事实上，这一次大规模的治污行为，参与主体仍然仅仅是政府相关部门，企业、社会组织鲜有参与。

那么，政府的再次发力能促使X河流复清吗？我们拭目以待。

（二）案例解析

1.X河流水污染治理所反映出的生态责任机制问题

（1）政府生态责任法律体系仍不够健全

近些年来，我国已形成了较完善的生态环境保护法律体系，其中包含着一些涉及地方政府生态责任的法律监督制度。但至今还未形成一部针对政府官员生态责任监督的专项法律，对于地方政府生态责任的监督仍以行政规章为主，只有出现影响恶劣的重大生态污染事件时才进行责任追究。从本质上讲，该机制为一种事后监督机制，而当生态环境问题发展成为大型社会事件时，其治理的成本势必非常高，难度亦非常大。因此，面对日益严重的生态环境恶化问题，亟须进一步健全完善生态责任法规制度，将生态责任主体、客体、责任内容、责任承担方式、责任追究方式具体化。

（2）政府生态责任信息公开不够全面

目前A市虽然建立了政府信息公开网络平台，但在实际调研中发现仍存在下述问题。

第一，政府信息公开网络平台仍需完善。由于网站建设技术等问题，很多政务信息网页无法打开浏览，仅能看到标题。假设某位市民登录该网页，试图浏览相关的政府信息，但仅能看到标题而无法进一步浏览，势必对政府部门是否真正公开生态建设信息产生质疑，且会对政府工作效能持否定态度，最终导致该市民对A市政府部门的信任度不断下滑。

第二，生态责任信息公开的内容较笼统、有限。目前A市公开的相关部门生态责任履行情况的信息量仍较有限，且大多是较概括、宏观的管理性信息，缺乏针对性与具体性。如A市发布的某年度生态市建设目标责任书考核情况通报中对考核结果的表述如下："……全市较好地完成了节能减排、生态恢复与生态创建……等指标的年度目标，特别是在农村污染治理……方面的工作有了突出进展，但环境质量改善……等指标完成情况尚有一定差距。总体来看……(单位)考核结果为优秀……(单位)考核结果为良好。"如"较好地完成了""有了突出进展""尚有一定差距"等表述很模糊，且并未通报具体的考核指标评分结果。市民无法获得有效信息，大多数情况下会产生一种负向的心理反应，即由于自己的刻板印象武断地认为政府并没有实施真正的考核而是在蒙混过关。因此，A市生态责任考核信息公开仍需进一步具体化。

(3)政府生态责任的社会监督不足

A市的政府部门生态责任监督仍以法律监督、政府内部监督为主，由社会团体、普通市民参与的社会监督较为有限。如在X河流水污染治理过程中，是由市政府组织市环保局及其相关部门具体负责实施。作为责任主体的A市相关政府部门的责任履行情况主要依赖上级部门的监督和本部门的自我监督，缺少社会团体、市民个体的自发监督。目前A市生态环保类社会团体规模较小、数量少，至今还未有在民政部门合法登记的较正式的环保类社会团体。因此，这些小规模、较零散的社会团体在进行政府生态责任监督的过程中难以实现较好的监督效果,其监督活动本身亦难以具有长效性、稳定性以及较强的针对性。

(4)生态责任知识教育力度与效果不够

近年来,A市政府部门组织实施了多样化的生态责任知识教育文化活动,亦取得了一定效果。为进一步了解市民生态责任认知现状,课题组组织开展了A市市民生态责任意识问卷调查。调查数据显示,在生态知识了解方面,85%被调查者表示曾经学习过有关生态环境和可持续发展的知识。这是一个相对积极的结果。但是,超过2/3的人不知道或不了解"光化学烟雾、酸雨、臭氧层破坏"这几个较为严重的生态问题,更有72%的人对一些环保术语表示"不了解"或者"不在乎",说明市民生态责任意识普遍处于较低水平。

整体而言,本次调查结果显示,A市的生态责任意识不强,不符合我国生态文明建设的要求,具体表现为:第一,市民的环保自觉意识较弱,大多数市民对环境保护问题没有形成较强的自觉意识,只是看到别人怎样做,自己就怎样做,且常常对他人污染环境的行为无动于衷。第二,市民对环保知识了解有限,环保专业知识掌握不足。第三,A市的环保教育缺乏持续性。目前的环保教育以学校教育为主,单位、社区极少进行环保知识的宣传教育,市民所接触到的仅仅是一些大众媒介的宣传,缺乏针对性与互动性,效果往往较差。如2013年,A市成功举办了"酷中国——全民低碳行动计划"(简称"酷中国项目")的子项目"低碳生活进社区"活动,省环境保护宣传教育中心、A市环境保护宣传教育中心、L区环保局负责协办,全市学生、居民、青年环境友好使者、环保志愿者代表和新闻媒体人士等2000多人参加了活动。无疑该活动在当天取得了很好的社会效果,但2000多人参与与总人口达700万的A市相比可谓九牛一毛。

(5)生态责任主体定位过于单一

政府承担生态责任，并不意味着政府要全面地直接参与生态环境的治理，更多的是需要与社会、公民合作治理。根据前述调查可知，目前X河流污染治理仍然是由政府组织实施，政府各相关部门直接参与为主，A市社会团体与市民参与较少。因此，在A市生态责任机制建设过程中，生态责任主体的定位过于单一化，缺少社会团体与市民作为生态责任主体参与其中的合作机制。

2.关于如何构建政社多元合作的生态责任机制的思考

目前A市的生态责任建设机制仍存在部分脱离地域实际、目标过于宏大、重数量考核而不重质量考核、重政府主导而忽略社会参与等问题。可通过推进下述相关生态责任机制建设，不断提升X河流水污染治理成效。

(1)不断完善政府生态治理信息公开的实施机制

首先，应建立政府生态治理信息公开时限制度，即对于生态治理信息的统计，相关制度制定、会议召开等生态治理工作，应在工作启动或结束后的第一时间公布，如以制度的形式规定应在一周内予以信息公开；而对于地方环境统计公报等需时较长的信息资料，可以适当放宽公布时间，如当年的年报应于次年的第一季度前予以公布。其次，加强政府部门网站建设，完善其网络平台以确保市民可以随时查到相关的生态治理资讯。最后，应扩大政府生态治理信息公开的内容范围。目前，A市对环境保护信息的公开仅限于政府网站中的“政务公开”一栏，该栏目的内容主要是一些年报，这些年报不仅存在着时滞性，且往往是一些对宏观情况的统计调查资料，极少涉及普通市民更为关心的信息。健全政府生态治理信息公开机制，一方面可以提升政府生态责任社会监督的实效性，另一方面可以极大地增强市民对于政府的信任感与认同感，促进社会的和谐与稳定发展。

(2)建立健全政府生态责任的社会监督机制

社会组织、公众是政府生态责任社会监督机制的重要主体构成,提升社会力量参与生态环境监督的责任意识、畅通社会监督渠道,是建立健全政府生态责任社会监督机制的重要路径选择。首先,应建立健全生态环境社会监督的宣传教育机制。政府相关部门可通过广播、电视、报刊、网络、自媒体以及中小学等教育机构,强化生态环境保护责任的宣传教育,促使社会逐步形成"保护生态人人有责"的理念。其次,加强公民参与,畅通生态环境社会监督渠道。所谓"公民参与",是指为了落实民主政治,实现公共利益最大化,依据法律规定,公民个人或者公民团体通过一定的参与渠道影响公共事务决策的过程。公民参与一方面有利于公民和政府间信息的有效沟通,使公民的呼吁得到政府的关注和回应,另一方面也可为政府的决策提供参考性建议,便于政府集思广益,进而对公共决策进行优化与完善。因此,政府相关部门可通过建立健全"线下+线上"多渠道、立体化的社会监督渠道,畅通社会力量参与生态责任监督的媒介与路径,确保公民参与生态责任监督的常态化与规范化。

(3)探索政府生态责任承担的社会合作机制

毋庸置疑,地方政府为地方生态责任的承担主体之一,但地方政府并不是唯一主体,地方企业、社会团体、市民亦是地方生态责任承担的重要主体。而且由于地方政府财力、人力、物力的有限性,加强地方政府与地方企业、社会团体、市民的合作,多方主体共同承担地方生态责任是重要途径。所谓"生态责任社会合作机制",是指要改变以往生态建设过多地依赖政府,没有有效地发挥市场机制作用的局面,在遵循经济规律的前提下充分发挥生态环境保护的宏观政策调控作用,利用市场的作用推动环保事业的发展;同时,充分发挥政府的管理引导职能,促使企业、社会团体与市民自觉参与环保事业,形成社会化、专业化的社会合作机制。自然资源和生态环境这类公共物品,属于全社会共同拥有。在一定范围内，当一个消费者消费这类公共物品时无法排除其他人对物品的使用，这种本质属性意味着投资保护自然资源和生态环境的社会收益不等于个别收益，自发形成的市场并不能自动优化调节这个问题，这就会导致市场失灵。这就需要政府制定政策加以干预，但是若政府管理过多和过于微观的话，又可能会导致“政府失灵”。因此，我们就需要通过发掘生态环保的多元合作机制来更有效率地实现政府生态责任。比如，在垃圾污染治理过程中，应通过宣传教育多方位发动市民主动参与垃圾捡拾、垃圾分类等活动。同时，要培育企业与市民的环境保护道德意识，使其逐步形成对于环境污染行为的道德羞耻感等，继而强化他们的环保责任心与责任意识。

(4)进一步健全政府部门的生态责任体系

地方政府生态责任的构建需要遵循全面性、法治性、科学性和有效性的原则，确保地方政府积极承担起生态教育责任、经济引导责任、制度建设责任和生态管理责任。[①] 加强全民生态教育，尤其对政府管理人员进行人与自然可持续发展观的强化教育，善于发挥媒体的作用，积极进行宣传教育，大力发展生态经济和绿色产业，构建绿色消费方式，健全和谐生态法律制度和生态责任制度。政府必须增强紧迫感和责任感，积极响应人民的需要，建设资源节约型、环境友好型社会，实现可持续发展。发挥地方政府的政策导向作用，积极进行产业结构调整，鼓励发展资源消耗低、附加值高的高新技术产业、服务业，用高新技术改造传统产业，缓解经济发展带来的生态压力。依靠高科技的力量和政府政策指引，变高能耗和高污染的产业为“绿色”产业，引领该行业健康发展。

(5)建立系统性、长效性的生态责任教育机制

课题组开展的市民生态责任意识问卷调查结果显示，A市市民的生态环境相关知识掌握明显不足，对一些具体问题往往一知

① 参见黄爱宝：《责任政府构建与政府生态责任》，《理论探讨》2007年第6期。

半解，且环保自觉意识普遍较弱，这些问题也属于地方政府的生态建设责任范畴。因此，政府应扮演好“掌舵人”的角色，逐步构建系统性、长效性的生态责任教育机制，促使市民养成生态保护道德意识、生态责任监督意识等，从而发动全社会力量共同努力，实现地方生态环境的治理与改善，这亦是地方政府应当承担的生态责任。综观国内外环境治理成功的城市，均是由社会运动发起，继而演变为由政府政策引导，企业、社会团体与市民全面参与的环境治理运动。因此，A市政府部门应不断完善全社会的生态知识宣传教育机制。[①] 具体措施有：首先，完善生态环保知识宣传教育平台建设，引导市内各企事业单位、社区进行生态环保知识宣传教育，逐步形成生态环保知识宣传教育的社会化机制。其次，推动生态环保知识宣传教育形式的生动性与多样性，可通过网络、电视、街道、公交车等介质放映公益性广告，宣传生态环保知识，且这些公益性广告应以动画等较生动的形式进行传播。最后，生态环保教育应从娃娃抓起，建议在幼儿园、小学、中学等各阶段学校专门设置生态环保课程，从小教育市民进行垃圾分类、不随手乱扔垃圾、破坏污染环境的行为是可耻的等常识，以促使他们自幼养成生态环境保护的责任意识与自觉意识。

① 参见赵泽洪、刘利：《政府生态服务职能及其实现路径》，《唯实》2007年第2期。

案例二

“医”“患”合作之殇

信息不对称视角下“医患冲突”的问题表现与治理对策

医疗服务是保障公民安全健康、维持公民生存和发展的基石。随着社会的发展，医患矛盾问题也不断涌现，且频频恶化甚至演化为医患冲突，引起社会各界的广泛关注。由于医院在医疗技术服务、诊治、药物定价和配套辅助方面占有绝对的优势，广大患者则因医疗专业知识、医疗资源管理及监督流程信息匮乏而处于被动地位，医患双方存在典型的信息不对称问题，该问题成为当前医患矛盾的重要根源之一。本案例聚焦 H 市 A 院发生过的一次医患冲突事件，在对该次医患冲突事件进行全面叙述的基础上，基于信息不对称与制度分析及发展框架理论，探讨医患冲突的问题表现、深层次诱因以及解决对策。期盼通过对本案例的叙述与分析，探讨缓解医患冲突的对策，推动医患关系和谐发展。

(一)案例正文

1.引言

小刘夫妇静静地坐在派出所门口,反复回忆着那些仿佛就在昨天的场景,从盼望生命的喜悦到挂号时的忐忑,从一次次检查、一排排小针孔到一张张缴费单、一夜又一夜备受煎熬的等候,最后只收到一张新生儿死亡证明。这一路走来,他们能做的只有坚持,但最后换来的却是人财两空的局面。小刘夫妇绝望了,他们感到自己似乎对整个医疗过程一无所知,对一系列的安排只能按部就班,每一步都很艰难,但又不知道该如何解决……一时间,所有的不信任和埋怨爬满了心头,驱使着他们找医院理论,提出赔偿,找医生发泄不满……

在医患关系如此紧张的今天,小刘夫妇的事件并非个例。上海医科大学医院管理处对全国 7 所医院 582 份问卷调查的结果显示,医患关系紧张的占 29.72%。[①] 2001 年北京医师协会对 71 家二级以上大中型医院的调查结果表明,三年来共发生殴打医务人员事件 502 起,其中致伤致残者 90 人;影响医院正常诊疗秩序的事件 1567 起。[②] 另外,根据媒体不完全统计,仅 2019 年上半年被公开报道的伤医事件就有 34 起。[③] 由此可见,医患冲突是我国社会公共安全治理面临的一大难题。

2.道阻且长的就医之路

小刘和丈夫都是 H 市某单位的普通员工,夫妻俩结婚多年,一

---

① 参见朱锡光、孙梯业、颜伟、李力:《医患关系现状的多维视角思考的研究》,《医学与哲学》2005 年第 2 期。

② 参见樊静、姜潮:《医疗纠纷的现状及对医院和医务人员的影响》,《中国医院管理》2003 年第 1 期。

③ 参见赵丽:《厘清医患纠纷与刑事犯罪,对暴力伤医零容忍》,《法制日报》2019 年 12 月 30 日。

直期待能再拥有个新生命，恰逢二孩政策实施，夫妻俩便做好了生育、抚养第二个孩子的打算。2018年，小刘已满36岁，已经超过35岁并有过生育史，医学上称为“高龄经产妇”。为了成功受孕并顺利生产，夫妻二人决定尽力争取优质的医疗资源。当时H市作为H省下辖的地级市，与医疗资源丰富且优质的省会城市W市相比，优质医疗资源较为稀缺，仅有两所三甲医院。经过多方比较，夫妻二人最终选择了在H市的一家三甲医院——A医院就医和待产。

H省医疗资源存在着严重的地区分布不均衡现象。据统计，在该省17个地市中，省会城市W市的医疗水平远超其他地市，三甲医院的数量是其他地市的五六倍甚至十几倍。从常住人口数量来看，W市户籍人口数量不到H市的两倍，而W市三甲医院的数量却是H市的13倍。为了确保人民群众病有所医，通常情况下，一个地区的人口越多，医疗资源也应越充足。然而，H省的W市与H市的优质医疗资源却存在巨大差距，患者对优质医疗资源的渴求导致供需矛盾不断加剧。

H市A院始建于1980年，是H市唯一集医疗、教学、科研、预防、急救、康复于一身的国家综合性三级甲等医院、省级三级优秀医院，获批国家住院医师规范化培训基地、国家全科医生临床培养基地、国家药物临床试验机构、国家器械临床试验基地、省级专科护士培训基地等资质。当时在国家、省和H市的大力支持下，医院已在H市城东新区规划500亩土地，筹建区域医疗中心并实现整体搬迁。医院新区规划建筑面积27万平方米，项目总投资15亿元，开设病床2000张，职工2600人，设临床科室50个，按区域医疗中心标准配齐高精尖医疗设备。医院坚持高标准定位、高起点谋划，以“大思路”“大规划”制定发展蓝图，凭借创意的设计、科学的规划和实干的精神，用五年左右的时间建成区域领先、省内一流、全国知名的医疗、教学、科研基地。

3.来之不易的医疗机会

虽然小刘和丈夫选择在A院就诊，就医过程中却面临着重重困难。作为当时H市仅有的两家三甲医院之一，A院在H市拥有的优质医疗资源使它成为众多患者问诊的首选，这给患者在A院挂号以及选择就诊医生带来不小的困难。小刘的丈夫在网上查阅相关资料后，于2017年12月底在A院网络预约系统上预约排号，但近一个月的时间里均未找到选定专家的相关预约信息。无奈之下，小刘的丈夫选择了近一个星期可预约上的专家，心里隐隐有些不安：在自己医疗知识相对欠缺的情况下，如何知晓哪一位专家比较适合给妻子进行诊疗？在不了解相关医生信息的情况下，能确保诊疗的全面性和有效性吗？

在医疗改革的大背景下，为了提高患者的就医效率，预约挂号已成为问诊步骤中不可或缺的一环。预约挂号制度的创立目的是节约患者和医生的时间，避免出现排长队、挂号难的现象，从而提升患者就诊服务满意度。然而一些新的问题不断出现，如医院对预约挂号制度的宣传力度不足，导致部分患者尤其是老年患者对预约挂号知晓率低；患者对医疗专业知识了解较少，无法选择合适的诊疗医生；患者对医生的了解度低而催生信任裂痕；对专家的热衷导致预约系统中绝大部分专家号供不应求，专家号被普通患者占据后，真正需要专家诊疗的危重症患者却难以挂上专家号。此外，医院挂号信息的不透明也催生了很多不公平的现象，预约和排号之间的滞后亦产生额外费用等问题。

4.迷茫漫长的就医之路

在成功预约排号后，小刘夫妇如约来到医院进行诊疗。一系列的检查过后，医生对小刘做出了试管婴儿手术的安排。对于待产期间医疗器材、用药配套服务的费用，用药流程，医生对小刘病情的诊断以及治疗方案的选择等方面，小刘夫妇知之甚少，只能直接根据医护人员的指示完成诊疗过程。

小刘本身患有慢性肝炎等多种慢性疾病，加之试管婴儿手术，她承担了更多的风险，但她依然带着孕育新生命的渴望而坚持着。时间在一个个疗程、一瓶瓶药物和一张张高昂的费用单里流逝，终于小刘备孕成功，夫妻俩沉浸在即将迎来新生命的喜悦之中。然而，2018 年 10 月 28 日上午，小刘因“孕 39＋5 周、瘢痕子宫、试管婴儿术后、妊娠期糖尿病、慢性乙型病毒性肝炎、上呼吸道感染”的原因入住 A 院。入院后，小刘夫妇奔波于各个检查室，接二连三的检查让小刘疲惫不堪。医生说孩子的胎心监护是正常的，小刘自己也没感觉到胎动有什么异常。考虑小刘“瘢痕子宫、二胎、试管婴儿术后”等问题，医院建议择期进行剖宫产手术。在医生并没有详细解释手术过程以及相关信息的情况下，小刘和丈夫像往常一样按照医护人员的指示匆匆签署手术同意书。10 月 28 日下午，小刘觉得在医院待着实在压抑，况且检查已经做完，也没有什么异常，于是想先离开医院回家休息。傍晚，小刘接到医院电话通知她返院，但在院方的描述中小刘并没有感知到返院的迫切性，想着家离医院也不远，在医院反而休息不好，影响手术，所以她没有选择返院。第二天凌晨两点多，小刘突然发现身体出现少许流液，虽然没有感觉到肚子胀痛，但为了保险起见，她还是叫醒丈夫返院检查。回到医院后，进行了胎心检测，没有出现异常。但在早上六点多时，她发觉排液增多，便立即呼叫医生，之后被送往术前准备中心。

5.期待与现实的反转

29 日 7 时 20 分，小刘被送入手术室。麻醉成功后，医生对她进行剖宫产手术。小刘于 8 时 26 分以 LOA(左枕前位)胎位娩出一女活婴，体重 3200 克，羊水无异常；新生儿有哭声；断脐后出现呼吸停止，心跳微弱。医院立即启动新生儿复苏抢救，但最终抢救无效，婴儿离开了人世。这场手术过后，小刘一家所有期待和付出都在一瞬间化为乌有。小刘本人也被送进了重症医学治疗室继续接受治疗，术后并发症持续出现。本以为是惊喜的相逢，最终却是未曾谋面的别离，小刘的丈夫想到这些心里久久不能平复。怀着满腔的希望来到优质的医院求医，何曾想过是这种局面！小刘的丈夫想起就医的种种经历，心中疑虑丛生：为何妻子的治疗方法不明不白？为何医生采用的某些抢救手段也未曾告知？手术中的检查和治疗是否及时？术前诊断未告知明确的风险，稀里糊涂就仓促决定，术后医院也没有给妻子一个清晰具体的诊断，想到还躺在重症监护室的妻子以及高昂的费用，小刘的丈夫瘫倒在地，希望化为了绝望。

A 院相关人员表示，医院在患者的投诉、纠纷处理以及医疗纠纷的保障与善后方面都具备完善的措施。第一，在畅通投诉渠道方面，A 院在门诊大厅、住院大厅及各住院楼栋墙面上均悬挂有相关投诉处理流程、受理部门及投诉电话等，严格实行首诉负责制，并统一归口医患办处理，同时在就诊卡、医院官方网站上均公示医院的投诉电话、邮箱等。第二，在投诉纠纷处理方面，经过多年的经验积累，形成了一个从投诉纠纷接待、调查、讨论、回复、处理、舆论应对到投诉纠纷反馈、教育、定责、再教育以及隐患排查等的闭环处理体系。在投诉纠纷的回复、安保、舆情的控制方面，医务科、保卫科、党办等部门形成了有效联动。第三，在医疗纠纷保障与善后方面，一是医院聘有专职法律顾问，针对每起纠纷的处理，充分发挥法律顾问的作用，结合科室调查、专家意见，客观地依法分析医疗行为是否存在过错，同时评估有多大的过错，积极同法律顾问沟通，为院方能公正、客观地对纠纷进行处置提供重要的参考意见，更好地维护医患双方合法权益。二是自 2011 年开始每年为全院医护人员购买医疗责任险，并且始终坚持对医疗纠纷和医疗事故进行定责追责。因此，该医院在业务量逐年上升的情况下，取得了以下几个方面的进步。一是投诉纠纷总数量方面，从 2015 年的 36 例下降到 2019 年的 23 例；二是赔款总额方面，从 2015 年的 66

余万元(包括医疗欠费)下降到2019年的30余万元(包括医疗欠费)。A院对于已建立的医患纠纷解决机制较为满意。

患者小刘出院回家以后,看到家人为孩子精心布置的小房间,不禁悲从中来。看着空荡荡的房间和悲痛万分的家人,想到自己备孕、怀孕期间身体上、心理上所受的种种折磨以及高昂的费用,巨大的现实落差压得小刘喘不过气来。她想,孩子是在医院生的,也是在医院出的事,那么医院一定有责任赔偿损失。

然而,医院方面认为婴儿的死亡与医院并没有关系。医院的诊疗过程完全符合医疗程序和规范,且患者胎儿是试管婴儿,在现有医学条件下,试管婴儿的发病率和并发症发生概率本身就比正常孕育的婴儿要高。小刘入院后胎心监护正常,破水后医务人员检查胎心正常,羊水清亮,说明术前没有胎儿宫内窘迫情况发生,没有急诊剖宫产指征。该新生儿为试管婴儿,新生儿出生那一刻有哭声、有心跳,手脚有活动,断脐后出现呼吸骤停。医院认为这与新生儿先天的某些缺陷有关,与诊疗过程没有因果关系。在并未向小刘夫妇展示从头到尾的诊疗过程记录的情况下,医院拒绝了小刘夫妇赔偿的要求。

医院的说辞让小刘夫妇十分委屈和气愤,他们认为医院和相关医护人员对孩子的死亡有不可推卸的责任,医院非但没有一丝愧疚,还推脱他们应该承担的那一部分责任,加之长期以来诊疗、用药、配套服务等信息的不透明化和不流通化,加深了小刘夫妇对诊疗过程的怀疑,他们认为是医院的失误才造成现在人财两空的局面。为了向医院讨回公道,小刘找了一些亲戚制作了花圈、横幅摆放在医院门口,并直接找到涉事的医护人员理论,小刘的丈夫甚至冲了上去,二话不说就对医护人员进行暴力侵害,导致一名医护人员身上多处受伤,在场人员立刻拨打了报警电话。在警灯的闪烁中,小刘夫妇一时慌了神……

6.结语

在近年来医患冲突频发的背景下,国务院于2018年7月31日公布了《医疗纠纷预防和处理条例》,该条例于2018年10月1日起施行。该条例第十三条规定:"医务人员在诊疗活动中应当向患者说明病情和医疗措施。需要实施手术,或者开展临床试验等存在一定危险性、可能产生不良后果的特殊检查、特殊治疗的,医务人员应当及时向患者说明医疗风险、替代医疗方案等情况,并取得其书面同意。"由此明晰了医务人员的职责。该条例第二十条又明确了患者应当履行的义务:"患者应当遵守医疗秩序和医疗机构有关就诊、治疗、检查的规定,如实提供与病情有关的信息,配合医务人员开展诊疗活动。"除此之外,该条例第十七条还规定:"医疗机构应当建立健全医患沟通机制,对患者在诊疗过程中提出的咨询、意见和建议,应当耐心解释、说明,并按照规定进行处理;对患者就诊疗行为提出的疑问,应当及时予以核实、自查,并指定有关人员与患者或者其近亲属沟通,如实说明情况。"该条例第十八条规定:"医疗机构应当建立健全投诉接待制度,设置统一的投诉管理部门或者配备专(兼)职人员,在医疗机构显著位置公布医疗纠纷解决途径、程序和联系方式等,方便患者投诉或者咨询。"以上条例在法规层面为医患关系中的信息不对称问题提供了解决路径。

虽然2018年国务院出台了此条例,但是医患冲突发生数量仍然呈现上升趋势。2017年,医疗损害责任纠纷案件数量为12734件,2018年案件数量为12249件,2019年案件数量为18112件。在2018年医疗损害责任纠纷案件数量略微下降后,2019年又呈现出反弹的趋势。而在所有的案件中,妇产科医疗损害责任纠纷案件占比最大。2019年,妇产科的医疗损害责任纠纷案件数量高达600件,与2018年相比增长165件。[①] 本案例发生于2018年10月,在《医疗纠纷预防和处理条例》正式施行之后,但是本案例中的医患冲突并未完全依据此条例得到妥善解决。

H市A院这次冲突事件最终在警灯的闪烁中归于沉寂,但事件激起的余波却久久没有散去。医生与病患两者本是相互选择、

① 《2019年全国医疗损害责任纠纷案件大数据报告》,澎湃新闻,2020年4月3日。

相互成就的关系，却在种种怀疑和猜忌之下变成对抗的关系。医患冲突是一场两败俱伤的对抗，是一场没有赢家的“战争”。而信息不对称在其中又扮演了怎样一种角色？政府又该如何利用制度这盏引路灯，将医患关系引上健康和谐的道路？

（二）案例解析

H 市 A 院的医患冲突事件是医疗方和患者方两个参与主体互动中信息不对称产生矛盾的一个缩影。在本案例中，医患关系由信息不对称引发多次冲击，由怀疑转化为矛盾，不断升级，最终造成了双方都受损害的局面。建设和谐医患关系生态圈是改善民生、提升人民幸福感的重要一环。建立健全医疗管理相关制度体系，以制度规范行为、引导秩序，是从根本上减少医患双方信息不对称问题、破解医患冲突、打造和谐医患关系生态圈的重要保障。本案例解析报告基于信息不对称理论以及制度分析与发展框架，探讨从制度的角度如何改善医患关系，实现政策目标，促进和谐医患关系生态圈的建立。

1.理论基础

（1）信息不对称理论

信息不对称理论由 1996 年诺贝尔经济学奖获得者詹姆斯·莫里斯（James Mirrlees）和威廉·维克里（William Vickrey）提出，最初主要是指信息在相互对应的经济个体之间呈不均匀、不对称的分布状态，即有些人关于某些事情的信息比另外一些人掌握得多一些，由此造成的不对称信息下的交易关系和契约安排的经济理论。之后这一理论被广泛运用到包括医学在内的众多领域，信息不对称问题的存在对医患关系具有重要影响。[①]

(2)制度分析与发展框架

埃莉诺·奥斯特罗姆(Elinor Ostrom)是美国著名的政治经济学家,他认为制度分析需要考虑外部变量、行动舞台、评估结果等要素以及各要素之间的关系。制度分析与发展框架(Institutional Analysis and Development Framework,简称 IAD 框架,见图 1)有助于对制度分析内容的确认。[②] IAD 框架将人们的经济行为分解成若干相互关联、牵制的组成部分,既可以对具体问题进行细致分析,又可以将各种问题联系起来综合考虑。一个完整的制度分析与发展框架包括 7 组主要变量。奥斯特罗姆认为,由于这 7 组变量普遍存在于公共资源以及市场、立法等多种情形中,制度分析与发展框架具有普遍的适用性和解释力,甚至可以使人们摆脱路径依赖难题。[③]

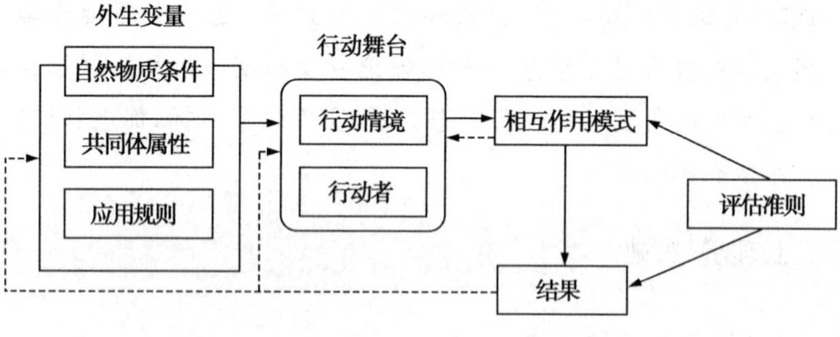

图 1　制度分析与发展框架

政府是监管医疗市场和推动其良性发展的主要力量,制度治理是政府部门以行政手段推动解决因信息不对称而产生的医患冲突问题的重要工具与路径选择。因此,采用 IAD 框架来探讨医患

① 参见肖增敏、杨莉:《基于不对称信息的医患关系演化路径及对策研究》,《医学与哲学》2014 年第 6 期。

② 参见王雨蓉、龙开胜:《基于 IAD 框架的政府付费生态补偿利益关系及协调》,《南京农业大学学报》(社会科学版)2016 年第 5 期。

③ 参见王群:《奥斯特罗姆制度分析与发展框架评介》,《经济学动态》2010 年第 4 期。

关系冲突背景下信息不对称治理路径具有一定的现实意义。在医患冲突问题中,医疗资源通过“参与者”“身份”“行动”“信息”“支付”“控制”和“潜在结果”等要素体现在不同制度安排下,具有独特价值。而这7个要素又各自受到对应的应用规则的影响(见表1)。

表1 医疗市场中“医患关系”的制度分析与发展框架

	参与者		
	政府	医方	患者方
身份	监督者	直接供给者	被动接受者
行动	财政投入,规划与监管	落实执行,具体提供医疗资源	使用医疗资源
信息	弱势	强势	弱势
支付	财政投入	医疗成本、交换成本、劳动力成本等等	交换成本、机会成本等
控制	中	高	低
潜在结果	维持医疗市场的稳定发展,保障人民权益	获得医疗资源的交换收益,保障人民生命健康	获得医疗交换资源

一是监督者——相关政府部门。在医疗市场中,相关政府部门扮演监督者角色,是推动医疗市场良性发展,建设和谐医患关系生态圈的中坚力量。相关政府部门主要通过对医疗市场的监管和维护,保障人民生命健康安全,同时通过医疗资源获得财政收入。政府在参与过程中,更加注重医疗资源的服务性和公平性,通过相关法律制度的颁布和实行以及财政的投入,维持医疗市场的稳定发展。然而,在具体运作过程中,若存在监督制度和机制不健全、医疗部门恶意隐瞒、行政官员权力寻租等问题,则不能够确保相关政府部门可以掌握医疗部门的全部信息,极易引发信息不对称问题。

二是直接供给者——医院及医务人员。医疗市场的具体运作者是医院,其受到政府监管。作为医疗资源的直接供给者和分配者,医院处于医患关系的主体地位。在医疗服务过程中,医务人员在专业和非专业信息方面处于优势地位,且在开具处方和做出诊疗决策时掌握主导权,因此医院方处于信息优势地位,同时对具体医疗资源有着绝对的控制力。医院需要支付的主要是医疗成本、交换成本、劳动力成本,等等。

三是被动接受者——患者。患者是医疗市场另一个重要的参与主体,在其中主要充当需求者的角色,主要行为就是使用医疗资源。患者由于医疗知识欠缺、医疗知识需求连续性差、学习能力不足、获取途径有限等,通常是信息的被动接受者,对信息的控制力和识别能力偏低。患者支付包括享受医疗资源所需的成本以及相关配套设施和活动的成本,收益即健康的身体,在这个过程中患者可能会面临诸多未知的风险。

2.当前医患关系中信息不对称问题及其负向效应

在医学诊疗过程中,医患双方存在着医疗信息分布和掌握不对称的问题,这是医疗市场的重要特征。医患关系就是处于信息劣势的患者付费,委托处于信息优势的医生实行诊疗措施。相对于患者而言,医务人员具有很强的专业性和技术性,由于医务人员对医疗信息的掌握具有比较优势,医患之间的信息不对称,因而容易引发逆向选择和道德风险等问题。

(1)信息不对称造成的逆向选择问题

"逆向选择"是指在经济交易中信息不对称,委托人难以有效甄别代理人的真实资质或禀赋,导致低质量个体更倾向于参与交易,而高质量个体则逐渐退出市场。这种"劣币驱逐良币"的效应最终会造成市场整体参与者的能力和素质持续下降,形成低水平均衡。从理论上说,医疗市场中的逆向选择程度较轻。因为医疗市场并非完全开放的市场，医患双方均无法自主定价，而且医院本身就是分级管理的，医师资格认定和职称评定是各行业中最为规范的，这在一定程度上已向患者传递了部分判断优劣的信息。但即便如此，仍有可能发生逆向选择行为，比如患者听信虚假广告宣传而选择了医疗技术水平低但医疗费用高的医院，这类医院往往存在欺诈问题，如魏则西事件，网络媒体的风险放大效应造成社会公众对于某些医疗机构的不信任感进一步增强。

(2)信息不对称造成的道德风险问题

“道德风险”是人们在签订合约后采用隐藏行为，由于被委托人和委托人之间存在信息不对称而给委托人带来的损失。比如，医生缺乏责任心所引发的医疗事故，或由于医生滥用药物所引起的患者药源性疾病，但医方不愿承担相关责任而产生责任推卸行为。与此同时，患者由于缺乏医疗专业知识，对医生的专业特长、技术水平等缺乏了解，在治疗过程中对医院的管理信息、经营状况也缺乏必要的了解，亦无法判断自己所接受的是否是最恰当的治疗方法，自己支付的是不是合理的价格，一切只能听从医生的安排，自己完全处于被动状态。上述情况极易引发道德风险。

医方的道德风险行为具体表现为：第一，医生“诱导需求”，由于双方在医学知识信息上的不对称，医生处于绝对主导地位，患者被动接受医生提出的医疗方案；第二，由于长期处于优势地位，医生养成了患者“求医”的思维定式，“以医为尊”，对患者“生、冷、硬、顶”，缺乏与患者沟通的意识和耐心；第三，医生对患者的知情权不够重视，对于患方的咨询简单敷衍，诊疗计划交代不清；第四，在医疗纠纷日益增多的情况下，对患者倾向于采取“保护性医疗”，即从自身安全出发，应该采取的诊疗措施不采取，或者采取了不应该采取的诊疗措施；第五，发生医疗纠纷时，对涉事医生的错误“沉默共谋”，维护医生整体利益，“同行庇护”。

患者的道德风险行为具体表现为：第一，隐瞒病史，多见于医疗保险、交通意外等第三方付费的情况，在牟取私利的同时，有时也会影响诊疗结果；第二，患者有可能对诊疗的某方面不满意或在发生医疗纠纷时全盘否定医生的治疗效果，以获取医院更多赔偿，甚至实施敲诈勒索、抢砸医院、殴打医护人员等行为。

(3)信息不对称问题极易引发医疗纠纷

医患之间的根本利益是一致的，双方共同努力的目标都是患者的病情向尽可能好的方向发展。但是，由于信息不对称，当患者对医疗过程或结果不满意时，极易发生医疗纠纷。近年来，医疗纠纷数量呈明显上升趋势。医生“诱导需求”、服务态度恶劣、盲目承诺等成为医疗纠纷的导火索，少数新闻媒体的推波助澜也是医疗纠纷数量居高不下的重要原因。由于医患之间的信息不对称，患者由此认为在“沉默共谋”“父子鉴定”的情况下，即使医院和医生确实有责任，也难以讨回“公道”。且部分患者可能存在弱势心理，加之媒体对医院负面新闻的过度宣传，患者易产生一种错觉，即“闹了就有理、大闹有大钱”，因而选择冲砸医院、围攻医务人员，进一步恶化了医患关系。

此外，部分患者认为现行的《医疗事故处理条例》虽然避免了“父子鉴定”“儿子赛跑、老子裁判”的状况，却无法消除信息不对称下“同行庇护”的嫌疑。对于医方而言，相当多的情况下举证责任倒置也很困难，且医方与法官之间的信息不对称往往使医方处于弱势，有时法院可能使用《民法典》《消费者权益保护法》来判定医疗纠纷。因此，医疗纠纷发生后，医患双方往往共同选择“私了”，即“法律规避”。就医方来说，选择“法律规避”还有顾及名声和息事宁人的考虑因素，而这一做法进一步助长了患者“大闹有大钱”的心理，导致医患发生冲突的风险不断加剧。

3.对策建议

在信息不对称中，拥有较多信息的一方为谋求利益，很可能使用欺诈的方式来损害另一方的利益。加强医院的信息化建设、医疗知识的普及、共同诊疗模式的推广，能够在一定程度上缓解医患关系中的信息不对称问题。

(1)推进医疗系统信息化制度建设，打造“互联网＋诊疗”等智慧医疗模式

聚焦医患关系中存在的信息不对称问题，建立健全医疗系统信息公开、数字化医疗数据整合与共享、智慧医疗管理等相关制度体系，推进医疗系统信息化制度建设，打造“互联网＋诊疗”等智慧医疗模式，充分运用数字治理工具破解医患信息不对称问题。地方各级卫生健康行政部门、医院应认真落实《国务院办公厅关于促进“互联网＋医疗健康”发展的意见》《互联网诊疗管理办法（试行）》《互联网医院管理办法（试行）》《远程医疗服务管理规范（试行）》等文件要求，总结新冠疫情期间开展互联网诊疗、建设互联网医院、提供远程医疗服务的有益经验，进一步推动互联网技术与医疗服务融合发展。省（自治区、直辖市）应加快建立互联网医疗服务监管平台，优先建设具备监管和服务功能的平台，并依法依规加快对互联网诊疗和互联网医院的准入，推动互联网诊疗服务和互联网医院健康、快速、高质量发展。进一步完善远程医疗制度建设，提高远程医疗服务利用率，推动远程医疗服务常态化，充分发挥远程医疗服务在下沉医疗资源、方便群众就近就医方面的积极作用。医院应进一步建设完善医院互联网平台，发挥互联网诊疗和互联网医院高效、便捷、个性化等优势，打通线上线下服务，在线开展部分常见病、慢性病复诊，积极联合社会力量开展药品配送等服务，不断丰富线上服务内涵，满足人民群众就医需求，缓解线下诊疗压力，为改善人民群众就医体验创造有利条件。

(2)以医患双方沟通为基础,加快构建共同诊疗模式

加快构建医患沟通基础上的共同诊疗决策模式。① 在诊治过程中,医患双方的互动也十分重要。医患双方在诊治过程中的决策模式不能仅限于其中一方完全服从于另一方,而要有双方的参与及互动。在共同诊疗模式下,医方必须与患者方分享诊疗决策权,也就是说,医方需要详细告知患者方诊疗目的及方案的风险,而患者方也不得向医方隐瞒自身真实病情。患者方拥有对医疗服务、器材及用药的选择权,两者间相互监督、制约。若存在医务人员利用信息优势进行过度医疗的行为,患者可以通过相关的监督机制进行投诉、举报,以维护其应有的就医权利,相关监督部门根据制度规定履行监督、处罚职责。在共同诊疗决策模式下,医患双方没有服从与被服从的关系,患者方需告知医方自己对诊疗方案的态度,避免诊疗结束后一方承担过多责任而导致矛盾激化。②

此外,应建立健全医疗知识普及制度。由于缺乏沟通,医方或者患者方隐瞒信息的情况极为常见,因此建议进一步建立健全医疗知识普及制度,如安排各地医疗相关部门开展医疗宣讲,向社会公众普及医疗常识,提升患者对疾病的专业化认知。

4.总结与展望

本案例由H市A院发生的一起医患冲突事件出发,初步探讨了医患冲突视角下的信息不对称问题,并对相关制度进行了研究。我国于1998年正式在全国建立城镇职工基本医疗保险制度,在医保制度稳步推进、覆盖范围不断扩大的20多年里,我国医疗保健事业得到了发展,人民身体健康也得到了保障。然而,信息不对称问

① 参见洪霞:《医患共同决策》,《协和医学杂志》2018年第3期。

② 参见张凡、张明章、李晓慧等:《信息不对称引发医疗纠纷的现状与思考》,《承德医学院学报》2018年第3期。

题导致医患纠纷频繁发生，风险不断加剧，甚至出现“医闹”、伤医等恶劣事件。基于信息不对称理论，本文对案例反映的问题进行了系统分析，并探讨解决对策。然而，由于研究视角、内容的局限性，仍存在一些不足之处。如引入第三方能否在一定程度上约束医方行为呢？由于信息不对称现象的广泛存在，是否应该将医保机构也纳入约束范围呢？再如，赔偿标准的更新要以什么为标准？医德医风建设具体该如何操作？等等。这些问题仍有待于进一步深入探讨。

案例三

美景与平安何以兼顾？

P 县野生景点安全事故引发的思考

近年来，前往“野生网红打卡地”游玩的屡见不鲜。站在公路中间拍照、在桥梁两侧直播、在隧道里扎堆取景、在山溪中简易漂流、在野山坡上徒手攀爬，种种不当行为引发大量公共安全问题。本案例通过对 P 县 L 网红景点山洪事件进行分析，解读野生景点安全事故发生的原因，并提出相应的治理对策。

L 网红景点所在的后山下雨，引起区域突发山洪，导致群众被困，部分在河道上戏水、乘凉的游客被洪水冲走，最终酿成 7 人死亡、8 人轻伤的惨剧。悲剧的发生令人痛心，而悲剧背后的原因更需要深度反思。野生网红景点引发的安全隐患与安全事故往往由多重因素共同作用所致，如网红博主针对部分游客寻求小众冒险的心理，通过小红书、抖音等平台推荐野生网红景点；与此同时，对于野生网红景点是否存在安全隐患等问题，缺乏专业化平台鉴定及监管机制。事实上，很多野生网红景点位于未被当地旅游部门开发管理的区域，风险提示标志、风险防控设施及管理人员多处于短缺或完全缺失的状态。本案例系统分析网红打卡地面临的多元主体参与治理困境及应对措施，以期为各地野生网红景点安全风险合作防控提供实践依据与理论参考。

(一)案例正文

1.引言

L网红景点位于两村交界处,大山深处奔涌而出的雪水顺流而下,流经之地形成溪流、浅滩、瀑布、深潭,水质清澈。然而,正是这样风景如画的地方,却吞噬了一行人鲜活的生命。2022年8月,P县突发山洪,尽管当地应急管理部门和消防救援队伍紧急赶往现场施救,最终仍有7人死亡、8人轻伤。

近年来,经由一些网红博主传播,一些原本不是景区的地方成了网红景点,未知的安全隐患难以引起游客警觉,美景与安全如何兼顾?如何做好野生网红景点的安全防控?当引起社会各界关注与深入思考。

2.网络催生大量野生网红景点,处处暗藏安全风险

在多个社交平台与短视频平台搜索"野生景点""野游"等关键词可以发现,有很多网红博主推荐各类野游地,大多强调景点的风景秀丽、拍照效果好等优点,基本不提及安全风险和防范问题。

比如,小红书作为当下火热的"种草"App,深受广大用户的喜爱,号称"你的生活指南",其中的旅游攻略已成为大多数国人出行前的必读内容。除了对景点进行一般性的介绍之外,一些博主为增加流量,使用噱头标题向大家推荐,如使用"免费""秘境""秘密路线""神仙去处"等较为夸张的词汇吸引游客前往。比如,有博主大力推荐某网红打卡点"仙女潭",称此处可以徒步、溯溪、玩水、露营,可以探索不为人知的"秘密路线"。在网红滤镜的粉饰下,不少网友被美化后的网络图片吸引,在好奇心的驱使下竞相前往。然而,实际情况是该"仙女潭"有5米多深,水下礁石锋利,且近几年发

生 4 起溺水死亡事件。大量游客却依然趋之若鹜，错把险境当仙境。

同样，L 景点也曾被许多网红博主宣传，推崇为网红打卡地。如有些网红博主称其是“大自然的天然氧吧”，展示人在石头间闲坐、玩水的各种场景。还有些网红博主宣称在此地可以免费嬉水、抓螃蟹、自助烧烤、遛娃……一时间，L 景点从一处未被开发、无人关注的野生自然景观，一跃变成人人竞相前往游玩、拍照打卡的网红景点。然而，实际情况是 L 景点为该镇地质灾害点位之一，易发生泥石流、山洪等自然灾害，且由于地理位置偏僻、河水较深、河岸线狭长不便管理等原因，一直未被当地旅游部门开发为旅游景点。2015 年、2017 年均发生过山洪灾害，造成 100 余米护堤被冲毁，直接经济损失累计超过 150 万元，当地也沿河道设置防护网和警示牌，“禁止下河，珍爱生命”“私自下河，后果自负”等红色标语警示牌零散地立在河道附近。

3.洪水如猛兽突如其来，自救何其难！

P 县应急管理局发布通报称，8 月 13 日 14 时 37 分，气象预报显示 L 镇辖区有对流云团生成，将伴有短时强降雨。接报后，L 镇政府立即组织镇村(社区)干部、巡逻队员及志愿者等力量对辖区内河道沿线玩耍的游客进行劝离。15 时 30 分，L 景点突发山洪，河道未撤离游客被山洪冲走。

当地相关部门在涉事区域设有多种警示牌和横幅对游客予以劝阻，且 L 景点河道周围一直有铁丝网围着，有工作人员手持扩音器和喇叭劝导河道内的游客上岸，不让游客进入河道游玩，但是这些并未能阻止一些人下河。

山洪来临之时，很多人舍不得丢弃自己的露营设备，错过了最佳逃生时机；也有的游客不顾工作人员的劝阻执意停留在河道处，意识不到危险的来临；还有的游客行动缓慢，以至于逃生时间被大大浪费，或是缺乏安全自救知识，慌乱应对过程中不幸遇难。

4.政府部门全力营救，失去的生命难以挽回！

在灾情发生后，省应急管理厅立即调度L景点归属地的市、县两级应急管理局，同时派出工作组赶赴现场指导救援工作，搜救被困人员，迅速转移群众。

对于受轻伤的几名游客，当日下午医务人员就赶到现场，帮助他们测量血压、处理伤口，过后游客便自行离开。而依旧被困、有生命危险的游客，则由救援人员继续进行搜救工作。13日晚，据P县应急管理局说明，现场至少有包括山地救援、潜水救援等7支专业救援队伍，各方救援人员超过200人，均听从P县应急管理指挥部的派遣。据P县殡仪馆工作人员说明，13日约19时开始，殡仪馆开始接收到在山洪中丧生的死者，部分家属以及当地民警也已到达现场，开展死者身份确认等后续工作。

自14日零时起，L镇共出动260余人对事发地周边农家乐、住户进行人员排查。6时起，P县再次集结15支救援队伍308人以及民兵80人、特警50人，携带专业救援设备扩大搜救范围，对L野生景点附近河段开展三轮拉网式搜索。截至14日13时，无新增的失联、伤亡人员。

据报道，截至8月14日，此次山洪灾害已造成7人死亡，8人轻伤，现场搜救排查工作接近尾声，已开展遇难者家属善后工作。

山洪发生后，政府部门第一时间通报灾情及救援相关情况，后续对救援工作及伤亡人员状况等情况也进行了及时通报，回应公众关心的问题，倡导公众不信谣、不传谣。

新闻媒体平台对山洪情况进行了实时报道，对事件的进展进行追踪报道。一些网络平台上的博主、公众号等对事件发表了自身看法，并呼吁公众注意旅游安全，宣传如何预防灾难及灾难发生时的紧急避难方法。

5.悲剧发生后的反思:到底谁之过?!

悲剧发生之后,社会各界在为遇难游客悲伤、惋惜的同时也在思考:为什么会发生如此大的灾难?游客们在欣赏美景的同时如何保障好自身安全?

一些网友认为,这些遇难游客去非景点的野生景区旅游本就是错误行为,不值得同情,有关部门今后要对那些随意去野生景点旅游的游客进行惩罚教育。然而,虽然大多数人对于随意下水游玩的游客行为持否定态度,但检索相关案例和法律法规,却尚未发现有相应的法律法规来制约他们的行为。如《中华人民共和国水法》《水利风景区管理办法》《中华人民共和国河道管理条例》等法律法规中,尚未有对于游客违反或忽略安全警示标志的游玩行为进行约束的规定。

那么,是否全部责任都在游客自身呢?如果下水游玩的人是具有完全民事行为能力的成年人,对自身行为的危险性应有充分的预见和认识,但仍使自己陷入危险境地而导致危害结果发生,可以归结为个体责任。而对于邀请、提议玩水者,若其没有告知受害者水域真实情况,也没有在险情发生之时及时做出提醒或者采取比较有效的防控措施,是否也需要承担一定责任?尤其是邀请人中若有未成年人,他们是否应该承担主要责任?目前,这几个问题仍存在争议。

有一些网友认为,山洪中遇难的游客行为确实存在不妥,但是不应过分谴责他们,主要责任应在政府和管理人员,他们日常监管不到位,未及时、有效地提醒游客进行撤离,才酿成如此悲剧。但也有一些网友认为,政府在本案例中无须承担责任,一些律师表达了相同的看法:政府已在河岸设置警示牌、安装防护网,且在事件发生时管理员及时提醒群众撤离,政府尽到了安全保障义务,河道管理者尽到了安全警示和防护义务。因此,若让相关部门承担全部责任，其合理性、合法性也存疑。

此外，还有一些网友认为，短视频平台上的博主不负责任地向公众推荐未经开发的野生景区，短视频平台监管不到位，才导致了悲剧发生。对此，一些律师也发表了具体看法，认为平台有责任，但是难以追责。比如对于一些具有社交性质的自媒体平台，视频和文章是由网友发布的，这些自媒体平台往往盲目追求流量，而疏于对视频、文章内容的真实客观性、安全性等进行全面审核管理。此外，对于网络举报与投诉，自媒体平台亦没有履行严格的审核责任。涉事博主会换个号重新发布信息，这些被投诉过的视频、文章依然在网络空间存在，且可能产生很高的浏览量，由此引发误导效应和公共安全事件。这些发布误导性信息的网红博主以及依托的自媒体平台是否需要承担一定责任？如何追责？依据目前的法律条款尚无定论。

6.各种补救措施纷纷出台，是否能够发挥实效？

(1)相关平台下架部分视频，增加安全提示

本次安全事故发生后，在各大地图软件中已经搜索不到L景点的相关信息。在相关社交平台搜索关键词“L景点”时，已经难以看到针对此地的旅游推荐、露营攻略等相关文章了。平台下架了大部分推荐内容，并设置了“野外探险、游玩需遵纪守法，并注意人身安全”“旅游出行，安全第一”等提示语。此外，在各平台对户外游玩类型的内容进行搜索时，更多的是劝诫游客们要注意安全，不要盲目跟风，以及普及遇到山洪时逃生方法的内容。

(2)政府发布应急管理文件，吸取山洪教训

8月13日晚，该省人民防空办公室印发《关于深刻汲取教训扎实做好局地短时强降雨防范应对工作的紧急通知》。要求各地紧急排查辖区内易发多发险情的涉水景区以及滩涂、峡谷等野外风景区域，组织多部门联合开展动态巡护，落实专人在重要点位盯守

巡查,做好警示提示,极端天气情况下严禁任何户外探险、涉水活动,及时劝阻山间溪谷、浅滩水域内野游、露营等行为,坚决确保人员安全。

8月14日,中国气象局结合近期防汛抗旱形势召开视频会议,对汛期气象服务保障工作进行再安排再部署。加强对涉山涉水户外旅游气象条件的监测预报预警,积极主动同相关部门保持沟通交流,进一步完善信息共享机制。

此外,P县所属市文广旅局已经向全市发出《切实加强暑期汛期防灾减灾工作的紧急通知》,要求深刻吸取8月13日L景点突发山洪造成群众伤亡的教训,举一反三,充分认识防范应对极端天气保障旅游安全的极端重要性。

7.结束语

随着自媒体的迅速发展,越来越多的人希望在网上分享旅途的美好,这本来是件好事。但在流量的刺激下,也有一些分享已经偏离实际情况,一些野生网红打卡地宣传过度夸大事实,无视公共安全风险。流量很诱人,风景很美丽,但没有任何一处打卡景点值得用生命去做赌注。如何在享受美景的同时,让安全和舒心更多一些,值得社会各界反思。

(二)案例解析

旅游业是对风险高度敏感的行业,我国目前已具备比较完善的旅游安全管理法律法规和应急管理程序。但近年兴起的网红景点安全管理水平良莠不齐,尤其是出现了一些不具备开放条件甚至安全隐患突出的野生网红景点。在这些区域聚集大量流动人员,不仅对自然生态环境造成了破坏,而且存在大量安全隐患。流量时代下,新的传播渠道不断把鲜为人知的"小美好"送上"热搜",

让旅游产业不断增光添彩，但野生景点引发的安全事故频频发生。如何走出“红一处，毁一处”的怪圈？有没有更优的路径去避免野生景点之“野蛮生长”？如何解决网红景点的安全风险治理等问题？这些难题亟须破解。

1.理论基础

(1)风险社会理论

德国社会学家乌尔里希·贝克在其著作《风险社会》中首次对风险社会理论进行了系统阐述。贝克认为，随着工业社会的发展，人类社会进入了一个以风险为本质特征的新阶段，即风险社会。在这一阶段，风险不再是自然环境或物质匮乏带来的，而是由人类自身的行为和技术发展所引发的。风险社会具有延展性与全球性、不可预知性、制度化、人为性、平等性等基本特征。[①] 英国学者吉登斯则认为，风险的结构从自然风险占主导地位逐渐演变为人为的不确定性占主导地位，从而形成了风险社会。风险社会是“被制造出来的风险”或“人为风险”占主导地位的社会，是现代性的后果。他强调了现代性的结构性矛盾和反身性在风险社会中的重要性。[②] 总之，风险社会理论揭示了现代社会中风险的复杂性和多样性，强调了人为因素在风险形成中的主导作用，并指出应对这些风险需要制度化和系统化的策略。

在本案例中，来自自然、人为的多重风险因素叠加导致了安全事故的发生，如L景点的地质环境、天气、平台及网红博主的不正确引导、游客安全意识缺乏、安全管理机制不健全等。风险的形成虽然具有不可预知性与延展性，但现代社会风险往往与人为性因素密切相关，因此亟须聚焦上述风险因素，建立健全相关的风险预

---

① 参见王宏伟：《公共危机管理概论》，中国人民大学出版社2021年版，第32—33页。

② 参见肖瑛：《反思与自反：反身性视野下的社会学与风险社会》，商务印书馆2020年版，第16页。

测与风险减缓制度机制，最大限度降低危机发生的可能性。

(2)合作治理理论

合作治理理论产生于20世纪90年代，该理论认为公共事务治理处于环境更为复杂化、组织更为多样化的情境下，需要参与者彼此合作、联合开展治理行动。[①] 因此，为推动各主体间建立合作互惠关系，应建立健全各参与主体间的合作治理结构或协调合作机制，从而实现各利益相关者之间的信息交换、资源共享和能力提升。[②] 总之，合作治理理论强调多元主体之间的信任网络和互惠关系，通过资源共享和共同努力来实现治理目标[③]，在具体实践中，需要各利益相关者通过协商、博弈、妥协和合作的方式达成共识，打破利益边界，构建利益共同体，从而解决日趋复杂化的公共事务治理问题。

在本案例中，野生网红景点安全风险防控问题解决的关键在于，发挥相关政府部门政策引导作用，健全相关法律法规，协调社会各界构建景区、游客和公众平台三位一体联防联控安全机制，切实提高社会各界的安全意识，履行监管义务，同时平台也应担负起应有的责任，维护良好的网络秩序，引导广大游客和消费者在保证自身安全的前提下文明、安全出行游玩。

2.野生网红景点安全问题原因分析

(1)流量驱动与猎奇心理共同促生野生网红景点

L景点属于泄洪沟，并非官方认可并对外开放的景区，但近年来不断被某些博主贴上“小众避暑胜地”“冷门耍水地”等标签，成

① 参见朱德米、高霞：《旧城改造协同治理机制研究——以上海为例》，《北京理工大学学报》(社会科学版)2018年第2期。

② Stoker G. “Governance as Theory: Five Propositions”, *International Journal of Social Sciences*, 1998(1):17-28.

③ 参见沈永东、陈天慧：《多元主体参与基层社会治理的共治模式——以宁波市鄞州区为例》，《治理研究》2021年第4期。

为被多个社交平台强烈推荐的“网红打卡地”。L镇政府曾多次提醒，L景点属于未被开发的景区，游客不应随意靠近。但一些博主为吸引流量，不顾当地警示，不负责任地盲目发布推荐笔记，并在推荐语中使用“走野路”“到人很少的地方”等文字来激发游客的猎奇心理和冒险心理，却对潜在的风险只字不提，这是造成悲剧发生的原因之一。

(2)平台监管机制不健全，审核、推荐机制存在弊端

小红书、抖音等社交平台对于一些网络博主发布的“种草”笔记内容审核不严格。平台非但未对笔记所涉及地点进行安全风险评估，反而设置了“避暑圣地”“L景点”“耍水”等关键词供平台用户方便检索，进一步促使看到相关笔记内容的用户前去L景点进行“打卡”。本案例事发前，曾有平台用户以“汛期危险”“景区有警示”等为由，向平台进行举报，要求平台下架、删除相关内容，但首次举报并未成功，平台表示“暂时无法判定举报对象存在违规”。此外，此类社交平台的推荐机制往往基于个人偏好、流量、商业推广价值等数字指标进行设计，平台上的发帖者除了普通用户，还存在商家、多频道网络（MCN）机构等，普通用户发布的“避雷帖”通常排序在商业推广、高浏览量、个人偏好等推荐文本或视频之后，很难被平台用户翻阅并浏览到。

(3)游客安全意识淡薄，安全警示标识难以发挥实效

L景点一直是当地防范山洪的重点区域，雨季时经常成为泄洪沟。据公开信息，该地属于三级地质灾害点位，易发生泥石流、山洪灾害，在2015年、2017年曾发生过洪水灾害。按照P县防汛防灾要求，禁止一切人员进入河道。在大众点评、旅泊网等网站上，也有人在相关主题下提醒大家“山洪随时可能暴发，下河游玩有风险”。游客在做旅游攻略时，很容易获得类似信息，然而仍然选择前往旅游的游客都忽视了潜在的危险。在发生山洪当日，除当地政府专门发文提醒外，在前往事发地的道路上也遍布警示标语，并

设有拦网，但去L景点游玩的游客选择无视这些警告，钻过被撕开的拦网进入河沟。山洪到来前，有管理员拿着喇叭劝导游客撤离，但多数人选择无视。游客安全意识过于淡薄，是此次悲剧发生的关键诱因。

(4)政府日常监管不到位，未建立常态化管理机制

L景点旁"珍爱生命，请勿下河！""山洪易发区"等警示标语十分醒目，但从此次山洪事件造成的悲剧可以看出，标语警告基本形同虚设。L景点虽然不是官方认可的开放景点，但由于相关管理机制不健全，野蛮生长的网红景点变得"景区化"假象，不仅助推游客量剧增，而且造成游客安全意识不断弱化。比如，前往L景点沿路不仅有商贩在售卖商品，停车、餐饮、住宿等配套设施也处于经营状态。一些游客表示，在L景点入口有当地居民要求扫描健康码，在停车场组织停车并收取停车费，加上看到正规的平台有推荐，所以都以为L景点是免费的正规旅游景区。此外，事故发生前，P县当地官方虽然在官媒提醒L景点在夏季可能存在泥石流等安全风险，但并没有阻止游客进入该地游玩。因此，降低野生网红景点安全风险，不仅要靠标语提醒，还要建立起规范化、常态化的监督管理机制。

(5)管理者与旅游者沟通渠道存在偏差

野生网红景点是网络自媒体时代催生的一种旅游现象，选择网红地的游客在获取信息和进行旅游决策方面都深受社交媒体和网络舆论的影响。然而，目前相关政府部门仍然倾向于利用传统媒体发布各种安全提示和预警信息，管理者与旅游者间信息沟通媒介、沟通渠道不统一，造成信息获取偏差或沟通不畅问题较为突出。在本案例中，前往L景点的一部分游客是出于侥幸心理，认为灾害不会发生在自己身上，还有一部分游客对于L景点安全风险缺乏全面了解与准确认知，造成了信息认知偏差。此外，在处理旅游突发事件过程中，像L景点这样的非正规景点并不能够和当地

的危机管理平台进行链接，不同体系之间缺乏互通和信息共享，这在一定程度上也制约了应急管理工作的开展。

3.对策建议：多主体参与共治，合作防范安全风险

2018年修正实施的《中华人民共和国旅游法》第一章第四条规定："国家鼓励各类市场主体在有效保护旅游资源的前提下，依法合理利用旅游资源。"因此，当各种市场主体在网络推动下有准备或者无准备地进入旅游市场后，相关主管部门应主动加强与自媒体平台、个体经营者、非政府组织的合作与交流，多主体参与共治，健全安全防范制度体系，打造旅游安全风险的合作防范机制。

(1)地方政府和主管部门：对全域实行动态管理，落实第一责任人制度

对于地方政府和相关主管部门而言，要加强对一些高风险野生网红景点的动态化管理与安全监管，落实好安全防控第一责任人制度。首先，对于事实上已经形成游客聚集的地点，旅游管理部门应将其纳入区域整体规划和布局范畴，尤其是做好安全风险防控的管理制度体系及运行机制建设。如本案例中的L景点已发展成聚集性景点，然而其本质上是一个地质灾害高风险区。相关部门应对此进行风险评估、定级并通过各大媒体平台广泛发布信息，形成警示效应。建立健全该区域安全监管的动态化管理制度体系，做好风险提示工作。比如在景点入口处等显著位置设置风险提示牌，定期对其进行必要的风险评估，并基于风险评估结果采取相应的限制措施，落实好安全生产第一责任人制度。[①] 在互联网时代，各相关部门在传统的预警渠道发布信息之外，针对野生网红景点，还应该在热度高的新媒体平台，如微信、微博上及时发布预警信息。加强与本地网红博主的合作，确保安全风险预警信息发布

---

① 参见盛文虎、李刚、王慧等：《"野生"景点，如何跳出"红颜薄命"》，《新华日报》2022年5月9日。

的全覆盖性。其次，加强对野生网红景点的安全事故处理设施、设备的有效配置与日常安全管理。一是加强事故多发区医疗救援配套设施及服务体系建设，如在L景点附近设立紧急应急医疗服务援助站，并配备便携式的医疗器械和医疗救助专业人士。二是建立健全常态化巡查制度，加强对高风险区的日常安全巡查。可定期组织当地居民参与L景点安全防控知识培训及应急演练，增强个体风险意识，提高其应对风险的能力。

(2)网络自媒体平台：优化算法推荐机制，健全平台责任体系

网络自媒体平台，包括社交平台、短视频平台、旅行游记攻略平台等，通常基于个体的偏好与浏览量自动生成算法推荐机制，网络平台的逐利性则在此基础上运用算法干预，生成广告优先推荐机制，而大量的客观、真实的文本或视频资料在上述算法影响下，很难被用户大量浏览。因此，首先，社交平台应发挥媒体放大效应与后台大数据分析处理功能，进一步优化算法推荐机制，对于存在一定风险的区域尽量减少或避免过多的推荐和介绍。其次，应建立健全网络自媒体平台的责任追究机制。如果对某些存在较多安全隐患的“未开发景区”“野生景点”内容进行了优先推荐或者重点推荐，且并未对用户强调上述景点的安全风险问题，一旦用户举报，平台须承担一定责任。若用户基于该平台推荐去“未开发景区”“野生景点”游玩过程中发生了安全风险，平台须承担一定赔偿责任。此外，一些网红博主、网络大V等粉丝数量多、文章浏览量大的网络人士，应加强对该群体的安全意识和安全知识的普及及宣传教育，并加强对该群体发布的文本和视频资料的客观真实性及推荐内容的安全性的审核。

(3)游客：加强旅游安全风险宣传教育，提升风险认知与应对能力

从本案例中可以看出，游客因猎奇心理和盲目心理、公共安全意识薄弱而做出的非理性行为，是造成突发安全事故的主观原因。

因此，应加强对社会公众的旅游安全风险宣传教育，引导公众理性对待网红景点，不断提升公众的旅游风险认知与应对能力。可加强对以社区为单位的居民的旅游安全知识宣传，提升其安全防范意识，鼓励其监督旅游安全情况；也可以社区为单位定期组织居民学习户外旅游常识，包括避险能力和野外生活能力等；还可以充分利用网络数字平台的数据共享功能，在推荐旅游资源或攻略的同时，为用户推荐户外旅游出行的安全防护知识与应对措施，以推动社会公众提升旅游风险认知与应对能力。

(4)多方联动：提升野生网红景点突发事件的应急救援能力

对于L景点这类非旅游经营用途的野生网红景点，可逐步建立健全多方联动机制，不断提升其突发事件的应急救援能力。首先，可基于危机管理的属地化管理原则，加强景点所在地市或区县应急管理部门的常态化管理与监督，健全信息预判与风险预测预警机制。一旦发生安全事故，应充分发挥属地化管理功能，坚持统一指挥，确保应急救援行动的规范化与有序化，提升应急管理的行动力与整合力。其次，加强基层公共部门、社会组织及个体的应急救援能力培养。建立健全景区所在社区等基层组织的防灾减灾救灾骨干力量的专业化知识培训与教育，提升其应急处理能力。此外，应积极与社会组织合作，可通过购买服务等方式鼓励非政府组织参与到旅游发展中，拓宽参与危机处理的渠道，发挥其专业特长，从而弥补景点所有者或经营者的专业短板，提高区域性社会安全治理能力，尽可能减少人员伤亡和公共财产损失。总之，在基层可以建立以派出所为主体，横向联动业主单位、社区、媒体、非政府组织等，纵向设置由派出所统一管理的义务服务队和由有能力的业主单位保安队伍构成的安全防范队伍，从而形成由县级以上政府统一负责与协调、全社会多部门参与的旅游风险防范治理格局。

中篇

合作共建期

案例四

你我参与，让社区更温暖

EQ社区公共文化服务合作参与治理

文化是国家、民族之魂，党的十九大报告强调指出，深入实施文化惠民工程。一方面加强基本公共文化服务体系建设，另一方面推动公共文化服务体系建设的制度及其机制创新，如推动政府向社会力量购买公共文化服务，加强政社合作治理。EQ街道办在社区公共文化服务体系建设中，依托EQ社会组织创新园这一社工组织，培育并整合形成多元化的文化类社会组织，如田园艺术团、书法协会等，并联系社区外部的文化类社会组织，共同为EQ街道下辖的7个社区提供丰富多元的社区文化活动，是当前我国城市社区公共文化服务协作治理的典型个案。本案例基于合作参与治理的视角展开分析思考，对EQ街道下辖的7个社区公共文化服务体系建设中社区社会组织参与状况进行梳理与分析，探讨其社区公共文化服务供给水平与社区居民获得感较强的深层原因。

(一)案例正文

1.EQ 街道概况

EQ 街道辖区总面积 1.68 平方公里，总人口 34259 人。辖区内驻有市民政局、市科协、南郊热电厂、长途汽车南站等 30 多家市、区机关、企事业单位。辖区内有 7 个居民委员会和 1 个社区家属委员会。街道党工委下设 5 个党总支，24 个党支部。街道有居民 11835 户，34259 人。办事处下设 9 个科室，分别为党工委办公室、行政办公室、政法科、社会事务科、计划生育科、城市管理科、经济发展科、社区服务中心、劳动保障中心。近年来，EQ 街道党工委加强社区管理，大力发展社区经济，建设社区文化，维护社区稳定，2008 年被中国家庭服务业协会评为全国家庭业服务先进单位，被省政府评为省消防安全工作先进办事处，被省工商联评为省五好商会，被省就业办评为省就业再就业先进单位，被市政府评为市安全生产先进单位，被区委、区政府评为廉洁高效市中建设先进单位、区级文明单位、先进基层武装部。2007 年被评为市平安建设先进基层单位、市养老服务社会化示范街道、市安全生产先进单位、市全民健身月活动先进单位、区普法依法治理先进集体、区党管武装先进单位。

2.“一个人的剧场”让社区更温暖

“一个人的剧场”项目为 EQ 街道办委托 EQ 社会组织孵化中心设计与资助，用参与式互动的介入方式，依托社区“田园艺术团”，组织志愿者团队开展走进居民家中为老年人表演节目、为高龄老人过生日、为老人送节日祝福等活动，调动老年人对参与社区活动的积极性，丰富老年人的精神生活。共分为四个部分：生日祝福季、空巢老人季、孤寡老人季、残疾老人季。开展“一个人的剧场”活动，丰富了老年人的业余生活，增加了家庭对老人的关注度，活跃了社区文化生活，助推社区和谐文明与进步。“一个人的剧场”项目对本社区的人文故事进行创作，推出本社区的精神文化作品，推动社区文化发展，承担了社区公共服务功能。项目目标清晰，公益特色鲜明，受益群体明确，直接受益人群有高龄老人、孤寡老人、独居老人、空巢老人（年龄 65 岁以上，日常生活单一，行动存在局限性），给予他们社会关怀以及精神慰藉等。该项目得到社区居民的大力支持及拥护，提高了公益组织和公益理念的社会影响力。

某日下午，田园艺术团志愿者服务队为社区高龄老人万奶奶送去生日的祝福，并开展了“一个人的剧场”老年人互助关爱为主题的活动。志愿者们为万奶奶带去了蛋糕并送上了最美的生日歌，表演过后志愿者们与万奶奶唠起了家常。万奶奶今年 95 岁高龄，育有 6 个儿子，儿子们都很孝顺，轮流照顾万奶奶的日常起居。万奶奶虽然年事已高，但心态非常好，聊到兴处还给志愿者们唱了一首《东方红》，歌声铿锵有力。活动中，万奶奶一直激动地紧握着志愿者的手，不停地感谢社区工作人员以及志愿者对她的关怀，在场的工作人员以及田园艺术团志愿者们倍感欣慰。

3.丰富的公共文化活动让社区更和谐

(1)民俗文化进社区

2017 年 12 月的某一天，由 EQ 街道办事处社区服务中心主办的街道民俗文化进社区活动暨剪纸艺术文化展顺利落下帷幕。这场举“市”瞩目的文化盛宴精彩不断、掌声如潮。市民间文艺家协会张主席与 EQ 街道办事处钱主任为新成立的“市民间文艺家协会 EQ 街道工作站”进行了揭牌。

此次活动名家荟萃、好戏连连，市剪纸艺术院院长王老师与其团队创作的一幅“中国地图鸡”的巨幅剪纸首次亮相,象征着2017鸡年的中国红红火火,经济腾飞。而剪纸艺术文化展、民俗老师现场讲解、民俗活动体验、民俗优秀成果展览、艺术团带来的剪纸秀专场演出等活动,更是让辖区老年人感受到中华优秀传统文化的魅力。他们充分参与其中,亲手体验剪纸、捏面人、做陶艺等活动,大家你来我往,其乐融融。各种小活动丰富多彩,给辖区老年人留下了深刻的印象,也为社区文化写下了浓墨重彩的一笔。

为传承非物质文化遗产茶汤、糖画和缠蜜等,EQ街道办事处社区服务中心举办“泉城大碗茶,戏曲大联欢”活动,这是市民间文艺家协会EQ街道工作站成立后举办的“薪火相传”非物质文化遗产保育与传承项目的活动之一。本次活动群众积极参与,品尝真正的老济南特色——泉水茶汤、糖画、缠蜜和棉花糖等一系列传统民俗手艺,并欣赏精彩的京剧、吕剧、豫剧等戏曲节目,可谓多姿多彩、有滋有味。

戏曲是我国重要的文化瑰宝,也是我们耳熟能详的经典民俗文化。EQ社区的京剧、吕剧和豫剧团为大家带来了许多经典戏曲。《三拉房》选段、《洪洋洞》、《花打朝》,一出出经典戏剧,让大家沉浸其中,妙不可言。

专业糖画手工艺人的到来,给老年人带来了不小的惊喜,勾起了他们儿时的记忆。大家都围着糖画人,看他用一把小圆勺舀起铜桶中的糖稀,执勺在手,静气凝神,以腕力带动勺子运行,随意挥洒在光洁的大理石板上,或提或顿,或放或收,或快或慢,或高或低,随着糖液缕缕洒下,栩栩如生的飞禽走兽、花鸟虫鱼等糖画作品就出来了,令人忍不住拍手称奇。而缠蜜是一种以糖稀为材料制作的小吃,用两根小棍蘸了糖稀,不断地缠,时间越长就越白,边玩边吃,十分有趣。旁边的棉花糖机也深受大家的喜爱,他们纷纷想要尝试自己制作一个。整场活动气氛热烈,生动有趣。

(2)以笔会友,细品墨香

水墨丹青汇社区文化营造项目举办了“以笔会友,细品墨香”

书画笔会活动，此次活动特邀区书法协会会长和多位书画家进行现场书绘及创作，社区老年书法绘画班的学员在场观摩学习。

笔会现场墨香袭人、气氛热烈，老师们神情专注地在现场挥毫泼墨，为学员们传授书画技艺。苍劲有力的笔锋和恰到好处的色彩，展示了老师们良好的艺术修养和高超的艺术水平。前来观摩的学员们非常珍惜这难得的学习机会，他们激动地表示能同时观摩到多位老师现场创作，是一种美的享受。仅一个下午的时间，老师们就创作了多幅优秀的书画作品，为了鼓励学员们进步，老师向每位学员都赠送了一幅字作为奖励，也给社区留下了珍贵的墨宝。此次活动的开展，既为社区书画爱好者搭建了良好交流和展现自我的平台，传播了社会正能量，也继承和弘扬了传统国粹文化艺术，提高了老年人的艺术修养和审美水平，丰富了社区文化，提升了社区影响力。

(3)剪纸课堂开课啦!

民间艺术文化工作站于2016年年底在EQ街道C社区正式揭牌成立，标志着非物质文化遗产剪纸艺术落地。为了传承这一非物质文化遗产，C社区开设了传承课堂，在每周三下午准时开课。2017年3月1日下午，民俗文化传承剪纸班在社区服务中心正式开课，吸引了很多社区老年人参与。

为了让剪纸活动开展得更加顺利，王老师先给大家讲解了一些剪纸的基本要求和规则。此时，服务人员也趁着讲解时间，拿出准备好的剪纸和剪刀分发给在场的老人。在王老师的带领下，老人们先从最简单的“双喜”开始。手部较灵活的老人家很快就剪出了作品；有些老人因为眼力不好动作慢点，在工作人员的积极协助下也剪出了所教的图案；之后大家又剪出了“雪花”的图案。老人们在热闹的气氛中把作品逐一贴在白纸上面，看到自己的作品后都开心笑了。有位阿姨对工作人员说：“这种活动好，以后要多组织，对我们有益处。”

(二)案例解析

1.理论基础:参与式治理

参与式治理的核心在于参与性。在公共文化服务中,涉及主体主要是政府、民众以及社会力量,其都是公共文化服务的利益相关者。作为一种新的治理模式,参与式治理以其参与性能够有效吸纳相关利益主体的关注并促使其积极履行职责。

参与式治理的特征主要包括:第一,它是一种政府下放权力的过程。政府吸纳民众和社会力量参与公共文化服务,其实就是在一定程度上向其赋权的过程,通过征集民意影响政府政策的制定,通过委托代理的形式让社会力量参与公共文化服务供给。第二,它强调契约式思维。政府、社会力量、民众都是平等的参与主体,共同来完成公共政策的制定和利益的分配。第三,它是一种合作治理模式,合作的目的在于参与方能够实现各自追求的利益。

2.现存问题:公共文化服务效能有待提升

公共文化服务效能较低,原因主要在于以下几个方面。

一是民众"不在场"。公共文化服务涉及国家与民众的关系。在传统思维下,国家或政府是公共文化服务的提供者,民众是公共文化服务的接受者,这种"提供—接受"结构是线性的。这种"自上而下"的供给方式导致需求与供给失衡,政府提供的公共文化服务产品无法满足民众真实的需求。结果,公共文化服务资源下沉中会出现浪费,民众的基本文化权益得不到保障。

二是非文化部门缺位。公共文化服务是现代政府的重要职能,在推动公共文化服务体系建设过程中,政府系统中的文化部门一直是主导力量,承担着政策设计、实施及反馈等职责。然而,良性的公共文化服务应加强政府系统内部不同部门之间的合作与协商，相关主体共同参与政策设计与具体实施以及后期完善。因此，有必要改变文化部门“单兵作战”的局面，加强相关主体与基层民众的互动，并寻求与其他政府部门的合作。

三是社会力量乏力。社会力量参与公共文化服务供给是现代公共文化服务体系建构的一个重要理念，公共文化服务面向大众、面向市场成为服务提质增效的有效手段。同时，一些社会组织参与公共文化服务供给对于政府职能转型也是有利的。对于社会与市场能够处理的事情，政府应回归政策制定与监督职能上，充分发挥社会与市场的优势。

3.公共文化服务发展路径

参与式治理要求在公共文化服务发展中做到主体去中心化，并有效建立起“需求—回应”机制。

一是利用大数据手段建立民意表达与回应机制。公共文化服务涉及一个基本的主体关系，即国家与民众之间的关系。民众是公共文化服务的对象，保障民众的基本文化权益是国家推进公共文化服务体系建设的重要目的。因此，建立有效的“需求—回应”机制是十分必要的，公共文化服务的发展理应以民意为导向。在当前的公共文化服务体系建设中，服务对象的复杂性和流动性使得很多问题变得不确定，基本公共文化服务如果完全按照自上而下的模式推进，必然会陷入资源浪费的局面。因此，在推行公共文化服务项目和资源下行时，运用大数据技术收集民意是相对科学的。利用大数据技术可以建立一套分析系统，这个系统可以与一些电子地图、搜索引擎、社交软件进行对接，在海量空间与信息表达中对民意进行集中式追踪及整合，在反馈结果的基础上，按照数据最大比例优化原则，建立民意回应机制，在公共文化服务资源投入和分配上采取针对性手段，进而提升服务的效能以及民众的满意度。

二是政府内部建立跨部门协调性组织并建立督导机制。文化治理下的公共文化服务供给必然要求政府系统内部建立整体性协作机制。政府公共性的本质要求政府必须以公共利益为导向，部门的自利性要让位于民众的公共利益。同时，公共文化服务事业单靠文化部门单兵作战是难以为继的，需要财政保障、组织人事、群团组织协同支持，不同部门间的良性合作才能产生公共文化服务的协同作战优势。要实现不同部门之间的良性合作，需要建立起跨部门的协调性组织以及相应的制度约束，这个协调性组织应当具备统筹全局的行政层级。

三是借鉴 PPP 模式（政府和社会资本合作模式），拓宽社会力量参与公共文化服务的渠道。PPP 模式指的是公共部门与私人部门的一种合作模式，具有“利益共享，风险共担”等特点。在 PPP 模式中，政府与社会资本建立全方位的伙伴关系，共同参与公共文化产品与服务的供给，政府通过赋权于私人部门，采取合同承包、特许经营和补助等形式与私人部门进行合作；私人部门利用其高效率和灵活等优势，以最优成本提供满足民众公共文化需求的方案。私人部门的顾客导向模式有利于满足更多民众对公共文化服务内容的需要，吸引其前往消费，私人部门也是受益者。政府部门在 PPP 模式中的受益也是多元的，除了能够满足民众多样的文化需求外，还能发挥政府的公共性。

案例五

多管齐下，立制规行

X 镇乡村殡葬习俗改革的合作治理

我国实施殡葬改革六十余年，取得了一定的成效。然而乡村殡葬改革任务依然艰巨，是当前我国乡村治理中面临的一大痼疾。本案例主要描述了全国殡葬改革试点区 Y 县 X 镇在面临多重改革困境下，如何多管齐下，立制规行，通过推动乡村殡葬改革政策创新与完善、规范相关管理体制、深入开展基层群众思想工作等多元化举措，实现对乡村殡葬习俗改革的制度治理。本案例在系统剖析 Y 县 X 镇在殡葬改革中的经验性举措的同时，对当前我国乡村殡葬改革进程中面临的痛点、难点进行反思，在此基础上分析探讨基于三治融合的基层社会治理模式，构建乡村殡葬改革的制度治理逻辑。

(一)案例正文

1.引言

背靠青山,前临村庄,河流波光粼粼,田野郁郁葱葱……在Y县X镇东不远处,静静地伫立着XX公墓。公墓里,一场别开生面的追思会正在举行。在肃穆的音乐里,礼仪师介绍逝者生平、致悼词,引领胸佩白花的逝者家属默哀、鞠躬、瞻仰遗容,整个仪式庄严有序,不足20分钟。逝者的儿子说:"以前村里有人去世,买棺材、买孝服、砌坟等殡葬费用得花两三万元。自从殡葬改革之后,如今村里安葬全部免费,葬礼也办得体面,省钱、省心、省时间,帮了我们大忙。"这是今年在X镇举行的殡葬改革生态安葬活动中的一幕,已成为全镇各个乡村殡葬仪式的常态化行为。

然而,基层政府在推动乡村殡葬改革进程中,首先面临着中国传统乡土文化与现代文明间的强烈冲突,由此引发严峻的公共信任危机与大量的治理难点、痛点。近年来,Y县X镇坚持以人民为中心,积极探索并推动殡葬改革制度创新,逐步打造乡村现代殡葬制度改革的"三治融合、多管齐下"治理格局,破解殡葬改革中的重重困难与文化冲突危机。现代殡葬制度在X镇已逐步步入正轨,成为当地村民的自觉行为。

2.乡村殡葬习俗繁,破旧立新路维艰

"这么多年了,谁家老人去世了,都大操大办,现在要我改,我宁愿多花点钱也不丢这个人。"殡葬改革刚开始时,绝大部分人都持这种观念,对改革政策并不理解,更别谈支持了,破旧立新的道路尤其艰难。

(1)基层政策推广人员频频被扫地出门

2017年6月,X镇长岭村村民吴某因病去世,其子吴某某坚持

土葬。村委会得知后及时上门做其思想工作，希望按规定实施火葬。第一次上门劝说的是村委会工作人员，吴某某直接拿起家里的扫帚把工作人员赶出门外，并对工作人员说："棺木早就准备好了，坟也挖好了，钱也花了，想让我火葬?！门都没有！"

新政推行初期，村委会工作人员在推广现代殡葬制度的过程中频频遭遇闭门羹、扫帚待遇，提起这段过往，他们不由得苦笑说："我们当时就跟过街老鼠似的，人人喊打……"

丧葬习俗源自中国古代社会对鬼魂的敬畏与想象，并逐渐演化成为表达仁爱之心、尽孝之道等社会伦理规范以及社会秩序的重要载体，因此受到中国历代王朝与民间的广泛重视。如《孟子·梁惠王》曰："养生丧死无憾，王道之始也。"《荀子·礼论》云："丧礼者，以生者饰死者也，大象其生以送其死也。"《论语·为政》又云："生，事之以礼；死，葬之以礼，祭之以礼。"因此，传统丧葬习俗被深深地打上中华传统儒家文化的烙印，其深植于中国乡土文化伦理与生活规范中。

群众对于现代殡葬制度不理解、反感，甚至出现种种抵制、对抗行动，使X镇政府在宣传、推广现代殡葬制度初期面临着重重阻力，镇政府及村委会面临着巨大的工作压力。

如何破解困局？镇政府及村委会工作人员反复思考、讨论，多次开展基层民主协商，以探讨解决对策。

(2)晓之以理，动之以情，改革之路希望现

案例一：殡改劝说之路的"二进门"

X镇长岭村村民吴某某用扫帚将村委会工作人员赶出门的事件发生后，村支书立即同该村驻村第一书记前往吴某某家，二次上门做工作。

这时候的吴某某家大门紧锁。该村驻村第一书记操着当地方言喊道："我是咱们村驻村书记，来你家说说咱们政府的优惠政策。"

吴某某知道肯定还是上次丧葬改革的事，情绪激动地说："你们快走吧，别进俺家门，俺们不欢迎。什么丧葬改革，俺们打死也不参与。"

村支部书记耐心地对吴某某说："你先别激动，先把门打开，咱们好好说说。"

此时的吴某某半天没回应，心想："我就是不开门，看你们能在门口待多久。"

村支部书记又说："小吴呀，咱们村这个改革是个好政策，你不想参与是因为你不了解。"

村支书在村里还是很有威信的，碍于情面，吴某某回应道："我就是不想丢这个人，祖祖辈辈都是这样办丧事。按你说的方法办了，以后村里街坊邻居咋看我们呢？人家估计得说我这儿子不孝顺！(即使)我哥同意，我也不同意！"

为了打消吴某某的顾虑，驻村第一书记说道："这个政策不是让你一家参与，是咱们全镇全县都在积极推行的政策。你先把门开开，具体政策有哪些优惠，经济账具体怎么算，咱们得当面聊才能说清楚。"

话说到这里，吴某某才把家门打开。"行，你们先进屋里说吧，但是我真不想参与什么新改革，我只想让老人家赶紧入土为安。"

村支书说道："你先别慌做决定，先了解政策再说不晚。"就这样二人终于进了吴某某的家门。

驻村第一书记先是拿出了几张 XX 公墓的图片，让吴某某可以了解公墓的整体环境。"你觉得这个环境还可以不？有什么建议可以提。"

吴某某说："我对这环境是没啥意见，我得下地干活，得上果园。你们先走吧，我再想想。"

村支书和驻村第一书记一听，感觉这思想工作做得有点眉目了，继续劝说道："小吴，没事儿，你下地忙着，我们跟着，咱们边走边说，还不耽误你干活。”

于是，在村边小路上、在田间地头上，村支书又从布袋里掏出了本子和笔帮助吴某某算起了6笔账，分别是经济账、土地账、资源账、安全账、环境账、祭祀账，并对火葬的政策补贴予以说明。“你想想，如果按照原来的方式办葬礼得花多少钱？这个新政策花钱少，还有补贴。”

吴某某沉默了半天，心里也泛起了嘀咕：“老方式办葬礼整个下来不少于三万块钱。”可是依然心存疑虑，就问道：“如果只有我按新政策改了，别人都不改，我可不成村里笑柄了？大家不都会觉得我抠门，我不孝顺？”

驻村第一书记说道：“这个你不用担心，只要参与改革的，大家自然会看到改革的益处，能省钱、能环保，还能拿到政府的补贴，咱们镇各村都在推行，大家自然愿意参加的。如果真有不愿意的，你放心，我跟咱党支部书记挨家挨户地跑，一定把他们的思想工作做通。”

吴某某又沉默了几分钟，说道：“那行吧，我同意了。”

经过二人的努力，吴某某主动销毁棺木、填平坟地，将父亲吴某的遗体进行火化并安置在公墓里。镇政府对于吴某某主动销毁棺木的行为给予1000元补贴。

案例二：殡改减负，助力耄耋老人“寄哀思”

大多数老人都曾有“攒钱养老”的传统观念，平时儿女给的钱也不舍得花，不停算计着修坟、买棺材及各种人工费，这些费用对于老人和他们的儿女来说无疑是一种负担。

2019年8月3日，X镇某村贫困户老赵的老伴因病去世，年近八旬的老赵一筹莫展，高额的丧葬费、烦琐的流程对这个原本就一贫如洗的家而言，无疑是雪上加霜。

然而，很快老赵的心理负担就减轻了，原来是村里的红白理事会接到了消息，派了两名工作人员送来了一份“白事告知书”，上面对丧礼流程及花销规定得很细致。老赵虽然年事已高很少出门，但是对于殡葬改革，镇、村已经上门宣传了很多次，他已有所了解。以前没办过，听完来人的翔实介绍，他明白了原来只需要花 65 元购买一些祭祀用品，就可以有专人帮忙办好逝者身后事。

他释然了，很快就在告知书上按上了手印表示认可。

整场追思会通过奏哀乐、回顾老人生平、亲属悼念等简单而庄重的方式表达了对逝者的哀思。驻村第一书记及镇、村相关人员也参加了这场追思会。

“以前都是过世的老干部、老党员才有资格开追思会，现在像我们这样的普通老百姓也可以了，而且乡镇领导也来参加，这是尊重逝者的体现，很有人情味。”老赵向村支书说。

“操办有人员、有标准，有依据。有人去世，红白理事会第一时间就会接到通知到达现场帮助办追思会。招待近亲就是大锅菜、大桶酒、大碗茶、大馍馍，这些都极大地减轻了普通群众尤其是贫困户的经济负担。”X 镇党委副书记说。

(3)让丧事不再难办，各界纷纷点赞

Y 县 X 镇在推进殡葬制度改革的过程中，通过不断健全乡村殡葬制度、实施多元化的惠民政策与人性化的沟通手段，促使乡村百姓了解并自愿、自觉地接受新型殡葬习俗，推动了地方殡葬习俗破旧立新，也让村民百姓切身感受到丧事不再难办，并对该项改革由早期的抵触、反对转变为纷纷叫好、点赞。

3.中华人民共和国成立以来殡葬改革的历程

殡葬改革具有文明开化、节约土地、节省开支、护林防火、保护环境等积极意义，在党中央的倡导下，早在 1956 年殡葬改革就被作为民生要事。根据各个阶段的改革状况、改革目标、改革方式等，我国殡葬改革的发展历程大致可以分为两个时期。

(1)殡葬改革理念倡导时期(1956—1984 年)

1956 年 4 月,在中央工作会议期间,毛泽东同志审阅了《关于在全党倡导实行火葬的倡议书》,倡议书提到"实行火葬,不占用耕地,不需要棺木,可以节省装殓……我们倡议,首先在国家机关的领导工作人员中,根据自己的意愿,在自己死了以后实行火葬"①。随后,以毛泽东同志为代表的 136 位老一辈无产阶级革命家先后在倡议书上签了名。这次倡议揭开了我国以火葬为中心的殡葬改革序幕。② 1965 年 7 月,内务部颁发《关于殡葬改革工作的意见》,标志着我国开始在全国范围内推行火葬。1981 年 12 月,民政部第一次召开极具代表意义的"全国殡葬工作会议",确定了今后殡葬改革的政策和方向。1982 年 2 月,国务院批转《民政部进一步加强殡葬改革的报告》,进一步推动了全国的殡葬改革。

(2)殡葬改革法制化管理时期(1985 年后)

1985 年 2 月,国务院发布了《关于殡葬管理的暂行规定》,这是我国第一个全国性的殡葬工作行政规定,标志着我国殡葬改革由倡导阶段开始进入法制阶段。随后,民政部制定了 20 多个关于殡葬改革的行政规章和规范性文件,进一步确定了殡葬改革在殡葬服务和殡葬管理中的指导地位。1997 年国务院发布《殡葬管理条例》(2012 年修正)。该条例规定:"积极地、有步骤地实行火葬,改革土葬,节约殡葬用地,提倡文明节俭办丧事。"自此之后,我国的殡葬改革逐步向绿色、节约、科学方向发展。2009 年 12 月,民政部发布《关于进一步深化殡葬改革促进殡葬事业科学发展的指导意见》。意见明确指出:"以节约土地、保护环境、移风易俗、减轻群众负担为宗旨的殡葬改革,符合我国人多地少、资源紧缺的基本国情,符合全面建设小康社会、构建社会主义和谐社会的基本要求。"

---

① 转引自罗筱玉:《让文明殡葬之风吹暖赣鄱大地——纪念毛泽东等老一辈无产阶级革命家签名倡导火葬 50 周年座谈会》,《社会工作》2006 年第 5 期。

② 参见汪俊英:《关于我国农村殡葬改革的深层思考》,《学习论坛》2014 年第 12 期。

殡葬改革趋势愈加明显、明确。2018年民政部印发的《关于进一步推动殡葬改革促进殡葬事业发展的指导意见》中也明确指出,要"坚定不移推行殡葬改革,把尊重生命、绿色文明的理念贯穿于殡葬改革全过程,大力弘扬社会主义核心价值观,把文明节俭治丧、节地生态安葬、文明低碳祭扫转化为人们的情感认同和行为习惯"。可以看出,法制阶段的殡葬改革,在突出规范管理的同时,更加提倡绿色、节约、科学、文明的殡葬方式。

4.多管齐下,立制规行,提升乡村殡葬改革制度治理效能

X镇在推行农村殡葬改革过程中,积极探索并推动制度建设,通过思想文化、制度设计、运行机制、保障体制等多管齐下,力破传统乡土丧葬观。

(1)政策宣传入民心

殡葬是以文化意识为其内在支撑的一种将死者以各种形式埋葬的行为方式。[①] 它表现出的是生者对祖先的崇拜观念,是生者对亲人的一种精神哀思。进一步说,殡葬作为我国社会的千年习俗,本质上是一种文化意识活动,是一种思想信仰,是一种意识观念。所以,若想改变这一社会现象,就应从其本质属性出发,从社会的深层次、从人的文化思想出发,推动文化价值观念的更新与进步。X镇在推动乡村殡葬改革进程中,坚持以人民为中心的政策先行,开展多元化的殡葬改革政策宣传教育活动,从根源上推动乡村传统丧葬习俗变革与文化重塑。

第一,建立多元化的政策宣传渠道。首先,X镇政府要求其下辖的51个行政村"两委"干部深入每家每户发放"殡葬改革明白纸",并对其主要内容、主要意义逐一进行讲解,以清晰、益民的殡葬改革政策说服村民。其次,在全镇主要路口及显眼位置悬挂条

① 参见李左人:《死亡与超越——树立科学的丧葬观实行殡葬改革》,《绵阳师范高等专科学校学报》1998年第3期。

幅百余幅；同时，利用村村响大喇叭在全镇每个村进行广播宣传。到 2014 年，全镇共发放宣传材料 5.5 万份，实现了行政村全覆盖。不仅如此，X 镇还在各村的村规民约中专门加入移风易俗内容，对其进行重点宣传。

第二，探索建立殡葬改革政策宣传效果保障机制。为进一步落实各村宣传效果，X 镇针对丧葬习俗改革制定移风易俗考核办法。一是在镇内成立移风易俗宣传小组，由该小组成立督察组，不定期对各个村进行实地调查；二是进行电话抽查，由民政所牵头，对镇域内所有村民进行移风易俗随机电话抽查，并在每个月底汇总调查结果，始终做到月月汇总，月月通报。

总之，X 镇各级党政干部，通过会议传达、党员带头、入户讲解、多媒体宣传等多元化渠道，将殡葬改革的新政策、新制度逐步告知每一位村民；通过言传身教，促使村民逐步改变根深蒂固的传统的铺张浪费且存在诸多安全隐患的丧葬观，殡葬改革由文化冲突逐步迈向村民的文化自觉。

(2)组织规范促执行

为确保新的殡葬改革制度顺利推行，X 镇进一步健全殡葬改革的组织架构，探索如何通过行政手段解决各级政府在推进殡葬改革过程中存在的动力不足、力度不够、执行力“宽、松、软”等问题。

第一，成立乡镇殡葬改革领导小组。乡村丧葬习俗改革是对中国传统乡土文化、非正式行为制度的撬动与更新，且由于我国农村人口教育水平普遍较低，改革异常艰难，面临着非常多的挑战与困境，如村民的文化排斥、情感抵触，若改革的方式、方法不恰当，极易引发社会冲突事件。为让地方百姓真正地接受殡葬改革，X 镇首先组织成立了殡葬改革领导小组，并任命一些执行力强并熟悉基层业务的行政干部作为改革领导小组的重要成员，通过行政手段的干预，有序推进农村地区的殡葬改革。

第二，建立殡葬改革领导小组所属行政区域的“一把手”负责制度。在Y县，殡葬改革的领导小组组长为县委书记；在X镇，成立了由镇党委书记任组长，镇长、人大主席和分管负责人为副组长的殡葬改革工作领导小组，将殡葬改革列入“一把手”工程和全年重点工作，制定工作方案，明确时间节点，进行专项考核。该制度的建立，有助于整合多个行政部门以及行政资源，大大提高了殡葬改革新政推行的执行效率。

第三，成立由村支部书记或村“两委”成员任会长的红白理事会组织，以保障各村顺利推进该项改革。充分发挥各村“红白理事会”贴近群众、信息畅通的优势，以“户户到”形式确保殡葬改革在村内顺利推进。

(3)流程优化提成效

人们对新事物的接受通常需要一个潜移默化、循序渐进的过程。殡葬改革作为社会治理中的一大难点，期望百姓在短时间内迅速接受不仅不现实，而且容易激化矛盾，其改革必然是一个长时间、可持续的渐进过程。殡葬改革作为一项系统性工程，从横向上看，它涉及民政、财政、土地、文化、人社、环保、林业等各个部门；从纵向上看，从中央到县、乡、村各级管理层级也都牵涉其中。如何将诸多关系因素、流程进行优化管理，尤其是在具体推进殡葬改革的农村地区实现乡镇、管理区(片区)以及各村之间的最优组合，是各级殡葬改革小组应当重视的着力点。X镇在推进农村地区殡葬改革过程中，面临殡葬过程中无人管理、管理不严、管理低效等问题，决定逐步建立一套由民政所、管理区、村干部、公墓管理员等各个部门人员参与在内的无缝管理流程，解放人力、节约成本，通过流程优化以提升殡葬改革成效。

第一，建立健全殡葬改革流程管理的各项规章制度。为更好地推进殡葬改革，X镇结合实际情况创新性地出台了《X镇殡葬管理办法》，建立了包括家属、红白理事会、管理区、民政所、火化车司机等在内的无缝隙对接机制。办法规定，对于新去世人员，先由家属及村干部告知红白理事会，由红白理事会联系民政所，然后通过民政所安排的殡葬服务车将新去世人员送至殡仪馆火化。待火化完毕后，民政所第一时间通知管理区，由管理区或民政所安排专人全程陪同、录像及拍照，确保不留空隙，直至入驻公墓。除丧葬管理程序外，X镇还建立殡葬月考核制度。每月月底，由管理区工作人员牵头，村支部书记及红白理事会成员配合，对各村老坟地进行检查，以防止新去世者家属私自占地下葬老坟地。通过一系列殡葬管理办法，目前X镇460户新去世者已全部入驻公墓。

第二，基于简洁、高效原则进行新型乡土殡葬礼仪流程设计。首先，确立“遗体告别追思会”的仪式程序。“遗体告别追思会”是一项葬礼模式的改革，目的是彻底摒弃原来烦琐的丧事程序，打造简约庄重的丧礼模式。按照有仪式感、缩短时间、庄严肃穆、尊重逝者的要求，仪式大体分三个步骤：一是致悼词，宣读逝者生平；二是播放哀乐，默哀一分钟；三是向遗体鞠躬告别。仪式结束后，殡仪车运输遗体到殡仪馆火化。其次，明确职责分工。为加强对举办“遗体告别追思会”的组织和监管，确定管理区、村两委、村红白理事会作为“遗体告别追思会”的工作主体，遗体告别仪式统一由管理区书记或其他工作人员主持；村支部书记或村“两委”干部致悼词，宣读逝者生平；红白理事会成员负责播放哀乐、组织亲朋邻居向遗体鞠躬告别。仪式全程留存视频资料。再次，加强配套设施建设。即根据仪式程序，加强细节管理，确保新式乡土殡葬礼仪的仪式感与庄重感，以提升社会公众的认可度与接受度。具体包括：一是拟定主持词、逝者生平基本模板，届时根据逝者具体情况修改完善；二是配备丧事办理需要的录像设备、音响设备和哀乐；三是制作部分白底黑字带有“遗体告别追思会”字样的条幅；四是购置白花、黑纱、孝牌等丧葬服务用品。最后，加强宣传动员与业务培训。筹备工作结束后，立即召开由各管理区工作人员、村两委干部、红白理事会成员参加的培训会议，通过会议进行宣传发动，统一思想认识，明确职责分工。向全镇群众发出丧事礼办的倡议书；乡镇政府分别与管理区、村两委、红白理事会签订承诺书；印发仪式主持词、悼词模板；对举办“遗体告别追思会”的具体流程进行培训。

(4)高质量公墓是保障

基层政府在公墓建设中坚持科学规划、保证质量的原则。科学规划就是要坚持节约土地、保护环境。公墓建设抓质量意在解决墓地布局不合理、施工材料差、装潢水平低、配套设施不完善、墓地选址不称民意等问题，有质量的公墓才会容易打动百姓，使民众更易于接受殡葬改革要求。Y县级殡葬改革工作领导小组通过加强县级财政投入与支持，从公墓的选址、设计到免费提供等各个环节，在节约土地、节约成本的同时，为民众提供免费的高质量公墓。如在公墓选址问题上，征求村里德高望重的老人的意见，满足传统乡土文化中讲究选址的习俗。试想，如果公墓建设质量过硬、布局合理、环境舒适、设施完善、选址良好、免费使用，民众怎能不接受？截至2017年6月1日，X镇根据全镇51个村的布局，结合村民意愿、地形等因素，共建有6处镇级、3处村级公墓，建有穴位2500套，9处公墓辐射全镇51个村，各个村就近安置新去世者。除建设公墓外，X镇还积极推进公墓配套设施建设，如建设公墓管理房，使各村公墓管理员有专门办公场所；对公墓道路、厕所进行整修，并在有条件的地方建设停车场，以方便群众祭祀；注重公墓环境的美化，派专人对墓地围墙、穴位周边等进行美化，保持公墓整齐划一，环境优美。

(5)惠民补贴解民忧

惠民丧葬，即政府对响应殡葬改革政策，积极入驻公墓的去世者家属实行费用减免、进行丧葬补贴的一种补偿方式。综观当前各地的殡葬改革，实行惠民丧葬政策具有普遍性，可以在一定程度上让民众更好地接受殡葬改革政策。县、乡镇两级政府部门通过实施多元化惠民政策，想民之所想，解民之所忧，确保了改革的有序开展。

第一，制定并实施丧葬全免费政策。Y县丧葬全免费政策是指对死者的火化、运输、骨灰盒以及公墓墓穴全部实行免费。人去世前便开始为自己修建坟墓是我国很多乡村地区的丧葬习俗。因此，很多老人在到了一定年纪后，便会斥“巨资”打造坟墓。在Y县，修建一座坟墓的价格一般在2万至10万元，这笔支出对于大多数并不富裕的村民而言无疑是个大数目，然而，即使是花费巨大，村民依然将之视为个人声誉以及乡土社会身份地位等的重要评判标准，甚至不惜举债而为之。一些村民家境贫困，传统丧葬习俗成为压在他们身上的一座大山，由此乡间便有了一种说法叫作“死不起”。殡葬改革的最终目的是帮助民众解忧排难，Y县为此制定了丧葬全免费政策，以真正解决“死不起”问题。当地民众由最初的抵触改革到最终乐意接受改革。

第二，建立多重补贴制度。X镇在积极落实Y县殡葬改革政策的同时，进一步加大补贴力度，在《X镇加快公益性公墓建设深化殡葬改革工作考核办法》中规定，每个公墓前三位入驻的逝者分别补贴家属3000元、2000元、1000元，对每个村入驻公墓的前两位逝者分别补贴家属2000元、1000元，焚烧或处理掉棺材的补贴为1000元，不披麻、不举行泼汤等仪式的奖励500元。以X镇为例，家属为去世者操办后事，从修坟、火化到下葬、摆席，平均费用在2万元左右，这对于普通民众而言不是小数目。政府推行的丧葬全免费政策可为民众节约火化、运输、骨灰盒以及公墓墓穴所需的高额费用，再加上补贴制度，群众的积极性自然会被调动起来。落实惠民殡葬政策、保障丧葬补贴对于民众的意义更为直接，即当政府明令禁止进行披麻戴孝、铺张浪费摆流水席后，需要走的形式少了，需要花的钱少了，群众从沉重的例行事务和开支成本中解放出来，而对于殡葬改革由内心的抵触与排斥转变为一种自觉、自发地响应改革举措。

5.乡村殡葬改革是否已无后顾之忧？

Y县X镇殡葬改革已取得初步成效，然而，基层政府对于今后改革成效的维持、殡葬改革的长效化等问题仍存诸多顾虑与担忧，仍有诸多改革的阻碍性问题亟须一一破解。

(1)殡葬改革管理制度不够精准

殡葬改革管理制度不够精准主要表现为三个方面：第一，在殡葬改革政策制度的宣传上仍缺乏针对性，存在一定偏差。其原因在于未能充分深入群众，了解群众的具体需求，未能关注到不同个体的差异。第二，殡葬用品市场整治仍缺乏长效机制。由于部门联动作用发挥不到位，个别部门工作的主动性不强，难以形成工作合力，且村民极易受风光体面地办丧事等传统观念和攀比心理影响，整治过后易出现反弹现象。第三，殡葬改革管理考核制度不够明确清晰。具体表现为考核标准的模糊性，由于移风易俗的考核标准量化较为困难，即使有标准，结果也存在不确定性，按标准执行会引发一系列问题，导致考核方案不健全、执行难。

(2)殡葬改革管理制度存在短板

殡葬改革管理制度短板主要体现为三个方面：第一，红白理事会管理制度不够公开透明，造成村民对其收费和服务存在一定怨言。第二，红白理事会治理能力不足。因年轻人多外出打工，红白理事会成员多数都是村干部、老年人，年龄、文化水平参差不齐，结构不均衡，个别红白理事会成员未及时转变观念，沿用老一套观念，殡葬改革服务水平较低。第三，红白理事会参与殡葬改革政策推广的激励机制不完善，从而造成红白理事会成员在殡葬改革政策执行中缺乏积极主动性。

(3)乡村公墓政策推广面临困境

由于部分村民还未完全接受进入公墓安葬的新理念,对公墓有抵触心理,为满足这部分人的需求,公墓建设规划选址难度增大。首先,建设之初需要国土、林业、规划、民政等部门抽调人员组成公墓规划选址工作指导组,指导乡镇做好公墓选址,确保公墓用地符合土地、林业、规划部门的相关要求,尽可能使用可利用地,避开林地。其次,村民对选址的要求不一,受其知识结构、所处地区特征的影响较大。最后,部分村民对已经布局好的公墓认可度低,村民与部门相关人员的沟通协调不到位,使选址难度进一步增加。

(4)部分村规民约执行力不足

村规民约是宣传殡葬改革理念、规范村民行为的重要制度路径,然而,一些村落的村规民约在制定过程中,机械套用上级指导模板,未结合实际进行调整充实,导致执行难度大。此外,部分村规民约制定后,由于宣传力度不够,很多村民对村规民约中移风易俗的内容并不了解,使得村规民约无法发挥其约束、规范功能。

(5)群众自身文化素质带来制约

通过调研发现,X镇大部分村民为小学文化水平,因受到自身素质的制约,对殡葬改革缺乏深刻的认识,对新事物的接受能力较弱,存在一定的抵制情绪。对一些村民进行深度访谈时发现,虽然大多数村民对殡葬改革很认可,但仍有少部分人对改革不太认可,这部分人虽然口头上不讲,但内心仍认为按照新政来办理丧事属于不孝顺,尤其是一些思想观念很传统的老人,对于改革更难以接受。总之,由于受传统观念与个体教育水平等综合因素的影响,仍有一部分村民未形成思想自觉,难以自觉遵循新型殡葬制度。

6.乡村殡葬改革,路漫漫其修远兮,路在何方?

综览全国,乡村殡葬改革的推进依然步履艰难,各地仍存在偷偷土葬、大规模焚烧祭祀品等传统丧葬现象,这些行为不仅占用耕地、浪费财物，且焚烧过程中存在大量安全隐患，容易引发火灾等事故。自民政部2017年确定了新一轮80个殡葬改革试点单位后，各试点单位纷纷出奇招、破难题，在文明葬、生态葬、惠民葬等方面不断取得实质性进展。本案例中的Y县X镇通过加强制度创新、财政投入、协调沟通等多元化举措，有力地推动了乡村殡葬改革的顺利开展，取得较好成效。其治理机制与治理模式可为各地殡葬改革的推进提供有益的经验。

然而，改革进程中仍面临一些问题，比如，如何持续推动殡葬改革制度的优化与创新？如何从根本上破除乡村传统丧葬陋习？等等。这一系列问题仍需要基层治理者不断思考、不断探索。

（二）案例解析

乡村殡葬习俗作为中国传统乡土文化的重要组成部分，已成为乡村生活的重要行为规则。然而，这种习俗不仅造成人力、物力、财力的巨大浪费，且占用了大量耕地，存在诸多安全隐患，成为乡村治理中的一大难题。Y县X镇基于“三治融合”的改革理念，不断健全与完善殡葬改革制度，运用制度治理工具，实现了乡村殡葬改革的顺利推进，并取得一定治理成效。本研究基于新制度主义理论与“三治融合”的社会治理模式理论，对该案例中体现的殡葬改革制度治理理论与实践框架进行系统阐释，在此基础上对乡村殡葬改革所面临的困境与难点问题进行剖析，并对今后的改革路径进行深度思考。

1.理论基础

（1）新制度主义理论与制度治理

所谓制度，是指各种规则和组织化惯例的一种相对持久的聚集，它嵌入各种意义和手段结构（structure of meaning and resources)中，这些意义和手段结构在面对个体的人员更替时相对而言是稳定的，而面对个体的特殊偏好和期待以及不断变化的外部环境时相对而言是灵活的。[①] 新制度主义政治学理论源起于20世纪七八十年代，始于对行为主义政治学的批判，即认为传统行为主义政治学过于推崇经验、自然科学的研究方法及模式，将个体行为作为政治学研究的中心，而忽视了制度在政治生活中的作用。[②] 由此，西方社会科学领域开始对制度分析在解释现实问题中的地位和作用进行重新审视，并形成新制度主义经济学、历史制度主义、理性选择理论以及社会学制度主义研究等基于多学科视角的制度研究，不同学科视角下学者们对制度研究的侧重点亦存在诸多差异，研究内容包括制度的产生、维持、扩散和变更以及制度对组织的影响。[③] 迄今为止，制度研究依然为国内外社会科学界的一大研究热点，并形成一大批研究成果与研究流派。新制度主义理论对制度的内涵与功能进行了系统剖析，如新制度主义政治学研究指出，历史影响制度，更重要的是制度影响历史，从而为政治学研究提供了新的探讨空间与价值。

在国内外学界对于新制度主义理论研究的影响下，近年来，国内一些学者基于习近平总书记关于中国特色社会主义制度的相关论述与理论观点，联系我国国家治理现代化建设进程中面临的问题与实践经验，提出“制度治理”这一新的概念。如宇文利对习近平治国理政思想中制度治理相关思想的研究[④]、殷冬水和邢轶凡对我国国家治理由专项治理转变为制度治理的实践逻辑与战略选择

① 参见[美]詹姆斯·马奇、约翰·奥尔森：《新制度主义详述》，允和译，《国外理论动态》2010年第7期。

② 参见黄新华：《政治科学中的新制度主义：当代西方新制度主义政治学述评》，《厦门大学学报》(哲学社会科学版)2005年第3期。

③ 参见郭毅、徐莹、陈欣：《新制度主义：理论评述及其对组织研究的贡献》，《社会》2007年第1期。

④ 参见宇文利：《论中国特色社会主义的制度治理——习近平治国理政思想的总体特色》，《新疆师范大学学报》(哲学社会科学版)2016年第1期。

的研究[①]。所谓制度治理，是指“在根本和基本制度指导下运用具体制度治理国家和社会的治理范式”，而上述具体制度不仅包括政治制度、经济制度、法律制度等宏观意义上的中国特色社会主义制度，同时亦包括支撑基本制度的具体法律法规、规章制度，以及保障基本制度实施的体制机制等微观意义上的制度。[②] 党的十八届三中全会后，多次强调要完善国家制度、提高制度执行能力以增强制度自信，而国家治理体系和治理能力的现代化本质上即为国家治理的制度化、规范化，且由于制度具有规范性、稳定性等特点而成为国家治理的常态化工具。

乡村殡葬改革本质上是对乡村传统习俗、乡村传统文化的变革与重塑，在此基础上转变、规范村民的丧葬活动与行为方式。而制度的核心功能在于对人们的活动和行为方式的规定，在陌生人之间建立一种可预期的秩序，且制度具有激励性、引导性等特点。因此，制度治理是破解当前我国乡村殡葬改革困境的重要路径。

(2)“三治融合”的社会治理模式

“三治融合”源于2013年浙江省桐乡市实施的自治、法治、德治“三治合一”建设，这一地方性实践由于取得较好成效而迅速在浙江省推广。党的十九大报告明确提出，要加强农村基层基础工作，健全自治、法治、德治相结合的乡村治理体系。近年来，国内学界开始关注“三治融合”的社会治理模式并积累较为丰富的研究成果。如邓大才认为“三治”各具优势，在不同情况下可进行不同组合以实现“最适宜的善治”。[③] 郁建兴等在对中国基层社会治理的历史文化传统与浙江桐乡“三治融合”现代实践经验进行系统剖析

---

① 参见殷冬水、邢轶凡:《从专项治理到制度治理——当代中国国家治理变革的实践逻辑与战略选择》,《社会主义研究》2019年第3期。

② 参见殷冬水、邢轶凡:《从专项治理到制度治理——当代中国国家治理变革的实践逻辑与战略选择》,《社会主义研究》2019年第3期。

③ 参见邓大才:《走向善治之路:自治、法治与德治的选择与组合——以乡村治理体系为研究对象》,《社会科学研究》2018年第4期。

的基础上，指出在基层社会治理中，自治、法治与德治各有侧重、互相结合、同时发力、交织前进，进而发挥“三治”结合的“乘数效应”。[①]

乡村殡葬改革是对中国传统乡土文化的革故鼎新，是对千年来根深蒂固的乡村生活行为规则的摒弃、更新与重塑，显然，仅仅依赖于政府政策引导、法律法规或村民自觉等单一化的治理方式是不可能推动的，而必须依赖“三治融合”形成合力，才能够在不造成矛盾冲突的基础上规范、科学、有序地推动乡村殡葬习俗和行为的更新及重塑。

2.乡村殡葬改革的制度治理困境

1956年起我国开始推行殡葬改革，迄今已逾60年，然而乡村殡葬改革依然是当前乡村治理中的一大难题。改革开放40多年来，我国殡葬公共服务能力、殡葬管理水平有所提高，但由于农村地区人口教育水平普遍偏低、传统丧葬文化影响根深蒂固，且农村地区殡葬服务的供给制度、运行机制以及保障机制普遍存在诸多短板，其改革进程尤为艰难。乡村殡葬改革主要面临以下几大制度治理困境。

(1)乡村殡葬改革制度治理中的“一刀切”问题

乡村殡葬改革制度治理中的“一刀切”问题主要体现为以下两点：第一，乡村殡葬制度设计中存在的“一刀切”问题。即在制度具体执行过程中，制度设计过于标准化、简单化而导致难以应对新问题以及差异化需求。比如在X镇殡葬改革制度执行中，一名行政人员多次提到，他们在推进殡葬改革时最困难的地方在于一方早去世，另一方后去世，由于无法进入老坟地产生的不能合葬问题，新去世者进老坟地不符合殡葬改革要求，早去世者从老坟地迁出，

① 参见郁建兴、任杰：《中国基层社会治理中的自治、法治与德治》，《学术月刊》2018年第12期。

百姓又一时无法接受。然而，制度设计上又存在“一刀切”问题，目前只能依靠基层行政人员进行反复、大量的思想沟通工作。第二，乡村殡葬改革制度执行中的“一刀切”困境。乡村殡葬改革制度的执行过程具有效率性与渐进性双重特征，如何在确保政策制度执行效率的同时避免“一刀切”等简单粗暴式管理方法，是当前乡村殡葬改革制度执行中面临的一大难题。一方面，要确保乡村殡葬改革制度执行的效率性，在农村地区这样一个村内信息传播迅速的特定场域里，如果似改非改，拖泥带水，殡葬改革不仅不会取得成功，而且容易产生更严重的附带问题。而另一方面，由于乡村殡葬改革所遇问题的复杂性，殡葬改革制度的执行应是一个渐进的过程，需要逐步突破时间、空间的障碍，一步一步扩大改革范围，以产生联动效应，才能取得更好的改革效果。然而，在实际的改革过程中，我国很多地区在执行中极易陷入“一刀切”困境，如对于时间节点、惠民补贴、平坟迁坟、入驻公墓等内容或程序，一律严格按照要求来，不允许有商量的余地。这种“一刀切”的做法给殡葬改革工作带来很大的阻碍。

(2)乡村殡葬改革中财政配套制度执行的两难困境

公墓建设是推进殡葬改革的基础所在，对于县、乡政府而言，在有限经费下建设高质量公墓，即如何确保乡村殡葬改革中财政配套制度的有效执行，是殡葬改革制度治理中面临的另一困境。一方面，公墓建设应在政府财政可接受的范围之内，而不应给基层政府造成过大的财政压力；另一方面，公墓建设质量必须有保障，应布局科学、数量合理、美观肃穆。然而，对于基层治理者而言，极易陷入地方财政能力有限与高质量公墓高投入的两难困境。第一，地方公共财政能力有限。县、乡两级政府属于基层政府，财政能力相对较弱，投入资金较少。2017 年 11 月，在民政部确定的 80 个试点单位中，县级试点达 49 个。虽然殡葬改革对于推动乡村文明振兴意义非凡，但作为民生工程的一项议题，本身就财政压力较大的县乡政府难以投入太多的财力用于公墓建设，导致农村的公墓建设只能在有限资金的前提下进行。第二，高质量公墓建设必然需要大量经费投入。首先，我国农村地域广阔，建设能够覆盖所有村落的公墓需要较大投入，即使是几个村合用一处公墓，公墓的整体数量需求也不会减少。以 Y 县 X 镇为例，镇域面积达 150 多平方公里，辖 51 个行政村，在这样一个地域广阔、村落众多的地区，目前只建立了 9 处公墓，有些集中区域甚至是 10 个村庄共用一个公墓，并且随着公墓使用数量的增多，扩建已成为必然趋势，随之而来的必定是大量的经费投入。其次，公墓管理与配套设施建设也需要大额资金投入。公墓管理人员的薪酬、公墓环境的打扫与保护、公墓管理房搭建、停车场修建、马路翻修、围墙维护等，都是保证公墓正常使用的必要开支，也会给县、乡政府带来压力。

(3)乡村殡葬改革流程管理制度缺乏系统性、精准性

科学、精准、系统化的流程管理制度是规范、有效推进乡村殡葬改革的重要制度保障，一方面可推动乡村社会文明丧葬，另一方面可确保乡村殡葬改革资源投入的效率与效益。虽然我国殡葬改革在 1956 年就开始推行，但由于不同地区、不同时期的改革内容不同，到目前为止，殡葬改革还没有形成系统、精准化的管理流程。其主要难点在于殡葬改革涉及流程环节多，难以管控。新去世者需要经过火化、装盒、运输、下葬等一系列环节，由于丧葬问题的敏感性，很多环节、场合会疏于管理，从而出现管理上的漏洞。以 Y 县 X 镇为例，在推进殡葬改革的初始阶段，由于新去世者丧葬涉及的流程较多，很多一时没有接受殡葬改革要求的民众便会在流程管理不严格的地方“偷梁换柱”。此外，由于老坟地与新公墓没有建立巡查制度，也存在重新进入老坟地下葬的可能性。我国幅员辽阔，不同地区风俗各异，丧葬流程必然存在差异。因此，对流程管理的每一个环节都需要基层行政人员进行充分的前瞻性思考与预判，以确保乡村殡葬改革流程管理制度的系统性与精准性。

(4)乡村殡葬改革协同治理制度中社会组织角色定位存在偏差

乡村殡葬改革制度治理过程中,政府作为政策的制定者与推动者而扮演关键角色,与此同时,私人部门、社会组织、社会公众亦为重要的参与治理主体。因此,政府、私人部门、社会组织以及社会公众多元治理主体共同参与的协同治理制度是乡村殡葬改革制度构建的重要内容。然而,乡村殡葬改革协同治理制度推行过程中,社会组织(主要为“红白理事会”)角色定位存在偏差而未能充分发挥其协同治理功能。红白理事会作为农村地区组织红事、白事的民间社会组织,一般由村内德高望重的长者或村干部组成,发挥着不可估量的作用。一般情况下,当农村地区的村民遇到红事或白事时,其做法主要是依据红白理事会的提议。因此,只有充分发挥红白理事会的组织协调作用,才能够在殡葬改革中充分了解村民的心理导向与文化心理诉求,从而确保改革的顺畅、有序开展。然而,在各地乡村殡葬改革中,红白理事会的抓手作用仍未能得到充分发挥,其原因有二:一是推动殡葬改革的相关部门工作人员没有意识到红白理事会在主导逝者家属操办丧事中能够发挥主导性作用,而主观认为只有行政手段才是推动殡葬改革的核心要素,对于红白理事会的成立及培训等问题没有足够重视。二是仍未构建党委政府与红白理事会成员的协同关系。目前,乡村红白理事会虽然在当地政府的倡导下成立,但基层政府部门及其派出机关与红白理事会间并未建立规范、长效、互信的联络沟通与协同合作关系,普遍存在沟通、合作形式化问题。因此,探索如何与红白理事会进行沟通、协调,充分发挥其在移风易俗、殡葬改革中的宣传教育、行为引领功能,是当前亟须解决的问题。

(5)乡村殡葬改革中宣传教化制度执行偏形式化

殡葬习俗的形成有着几千年的沉淀,它触及的是传统乡土文化。因此,乡村殡葬习俗改革应在传承中华优秀传统文化的同时,结合时代发展特征,探索建立健全人性化、可操作化的宣传教化制度，以改变千年来乡土社会传统殡葬习俗。目前，乡村殡葬改革中宣传教化制度的执行偏于形式化问题具体体现为下述两点：第一，乡镇政府对于殡葬改革的宣传教育未能充分重视，片面强调责任与后果而忽视改革对个体的经济、社会、文化价值的影响，造成乡村殡葬改革宣传教化制度形式化问题。比如，一些地区的宣传教育只停留于表面，工作方式过于简单粗暴，过多地强调上级政府对殡葬改革的要求，过于强调责任与后果，对于殡葬改革对个体经济、社会、文化的长期价值却只言片语，或者干脆不提。新型殡葬制度本质上是为逝者提供一个更好的安置环境，与中华传统文化中“入土为安”的文化观念并不冲突，而且实现了对于个体经济成本的节约、公共土地资源的合理利用等，但这些长期价值却较少被提及。第二，农村地区的宣传教育手段单一，流于形式。很多殡葬改革地区认为宣传教育的手段就是挂条幅、发宣传单，这样的宣传并不能真正使政策深入人心，也不能让村民从内心深处接纳改革举措。

3.对策建议：构建乡村殡葬改革制度治理的“三治融合”模式

(1)法治：健全殡葬管理法规制度，以推动乡村殡葬改革规范化

党的十五大报告正式提出“依法治国，是党领导人民治理国家的基本方略”；党的十八届四中全会提出全面推进依法治国，并对建设社会主义法治国家的基本方略和战略目标进行了系统阐述；党的十九届二中全会对我国全面依法治国取得的成就做出了高度评价，并强调指出宪法在治国理政中的重要功能与作用。法治，是现代民主政治发展的重要成果。基层社会治理法治化，一方面是指通过约束规范基层政府行为、村委会行为而为村民提供保障；另一方面是指对村民的行为发挥规范约束作用。因此，殡葬管理法规制度的健全完善是实现乡村殡葬改革规范化的根本前提。

第一，加强顶层制度设计，进一步健全完善相关法律法规，确

保公益性公墓建设在制度上有所遵循，为推进殡葬改革破除政策性障碍。比如国土部门要将公益性公墓建设用地纳入土地利用总体规划，保障公墓用地供给；林业部门要做好公益性公墓与林地的结合文章，通过公益性公墓建设带动植树造林和荒山绿化。对当前已经建成的公墓，上级有关部门应做好政策对接，理顺报批程序，对手续不完备的公墓尽快完善手续或进行备案审批；推广实施"殡葬全免费"政策，使殡葬改革尽快突破瓶颈，进一步促进移风易俗工作的深入开展；加大对殡葬改革的财政支持力度，对各地特别是财政困难县、革命老区在公墓建设、惠民殡葬政策落实上给予扶持，让惠民政策深入开展，确保改革工作的好处惠及更多民众。

第二，建立健全殡葬改革考核制度。首先，从思想上重视。殡葬改革各项工作要落到实处，各级部门负责人要把殡葬改革工作作为重点工作，对于必要的事项，要亲自过问及亲自操作。对下要列出责任清单，保证工作的完成时限、完成效果，对完成效果进行考核，提出解决措施，并立即实施整改，保证尽快看到效果，收到实效。对因整改工作不力，问题得不到控制，甚至引发群众不满的，将其作为反面典型进行宣传，避免同类事情的发生。对需要进行现场督导的，应给予现场督导，以便直接解决问题。如造成的影响恶劣，将严肃追究相关责任人的责任，并将其纳入绩效考核。其次，增加殡葬改革工作的考核次数，除了年度考核，还要进行月度考核。强调过程考核，月度考核标准要具体化。对于宣传教育考核，应修订考核方案，使考核更科学合理。最后，成立专门的督导工作办公室，明确相关负责人及专职工作人员，抓实督导考核。广泛借鉴其他地区、乡镇的先进工作方法和考核方案，因地制宜，进行推广。督导考核要多倾向于奖励，做到先表扬后激励，进而调动相关工作人员的积极性。

第三，健全公益性公墓管理制度。对每处公益性公墓，要落实管理主体及责任主体，如乡镇的管理主体及其责任、公墓专门管理人员的配备及其责任，使责任与义务相互约束，部门之间、主体之间相互监督，彻底解决公墓管理员责任心不强的问题，做到公墓内天天清理，经常维护，严禁墓区随便燃烧冥币等祭奠用品，丧主下葬骨灰时，要做到有人服务、有人盯靠、有人监督，严禁公墓脱管，防止殡葬违规行为的发生。

第四，加强殡葬用品整顿，逐步建立多部门协同治理制度。殡葬用品的整顿对殡葬改革至关重要，是殡葬改革不可或缺的重要部分。在殡葬用品整顿上，首先是要有关部门出台相关规定，制定长效工作机制。其次是加强部门之间的联合，如工商局对有关销售部门的管制，形成各部门联动，明确分工，形成合力。再次是要加强日常监管，祭祀习惯的改革与更新必然是一个渐进的过程，要时刻监管，遏制其反弹。最后应该从源头上治理，推动新型文明丧葬用品开发。如果只禁止传统的殡葬用品而没有开发替代品，改革必然难以推进。政府部门也可以通过政策引导与宣传，推广鲜花、网络祭祀、认树养木等新型文明丧葬用品，以破除陈旧的陋习，逐步形成文明祭祀的风气。

(2)德治：建立健全道德规范制度，以推动乡村殡葬文化重塑

殡葬改革触及的是村民百姓的传统思想观念与传统乡土文化，仅仅依赖行政手段，极易带来一系列社会问题乃至引发社会冲突事件。若要扭转多年来形成的根深蒂固的传统丧葬习俗，必须从根本上转变群众的思想观念。现代意义上的德治以道德建设为基础，通过道德规范以约束人们的行为来形成社会秩序；而道德建设则需要长期的教育与内化。因此，应建立健全涉及基层工作人员、社会组织、村民个体等多元主体的道德规范制度，以德治推动乡村殡葬改革与乡村殡葬文化重塑。

第一，建立健全党员干部行为引领制度和教育培训制度。首先，健全党员干部行为引领制度。通过完善党纪法规，逐步建立党员干部行为引领制度，以发挥好党员干部模范带头作用，如党员主

动带头签订承诺书,做好墓地安葬逝者的引导工作。其次,建立规范、常态化的关键人员教育培训制度,定期组织乡镇工作人员、村两委干部、村红白理事会成员等殡葬改革关键人员开展相关政策精神、专业知识的教育培训,坚持正面引导和侧面说服相结合,让政策精神与相关专业知识深入人心。

第二,建立多元化、人性化、差异化的殡葬改革宣传制度。首先,做到全面宣传,扩大宣传主体,发动党员、老干部等配合宣传;丰富宣传方式,除了传统的口头宣传外,增加广播、报纸等宣传手段;增强宣传内容的说服力,与群众一起算大账、算长远账、算惠民账,算清殡葬改革的经济账、土地账、资源账、环保账、安全账、祭祀账等6笔账,让惠民政策深入人心,引导民众思想改观,为他们后期的自觉参与打下基础。其次,营造良好的舆论氛围,宣传进公墓的好处以及成功进公墓的案例,推动公益性公墓接受度及使用率的提升。还可以从学校、医院、企业、机关等各个单位、各个领域扩大宣传面,通过对他们的引导,让他们由宣传对象变为宣传主体,提升宣传效果,创新宣传方式。再次,建立差异化宣传制度。面对不同的对象,采用不同的宣传方式。如对年轻人采用微信、微博等方式宣传,对村里的居民采用村村响、宣传车等方式,对相关工作人员或感兴趣的人员可开办培训班、讲解课等。总之,要建立多元化、人性化、差异化的殡葬改革宣传制度;打造移风易俗、殡葬改革先进示范村,以点带面,推动改革走实走深;研究节俭、节约的丧葬模式,并在一定范围内进行推广宣传;发掘典型案例,供红白理事会和百姓参照。总之,要以全面创新式的宣传,有效推动移风易俗及殡葬改革。

(3)自治:建立健全多元主体参与制度,以推动乡村殡葬习俗更新

在传统宗族文化、家户制度传统以及儒家意识形态的影响下,

自治在中国乡村具有悠久的历史，费孝通先生将中国传统基层自治模式称为“双轨政治”[①]，温铁军则将之概括为“皇权不下县”[②]。而现代意义上的中国基层自治，其内涵大幅拓展，即不仅包括民主选举、民主决策、民主监督、民主管理，还包括人民群众的自我管理、自我教育、自我服务、自我提高等内容。因此，殡葬改革自治制度建设的重点在于建立健全社会组织（如红白理事会）、村民、企业及其他多元社会力量参与制度，以从根本上提升乡村殡葬改革的自治能力，推动乡村殡葬习俗更新。

第一，健全红白理事会管理与协调制度。健全红白理事会组织架构，可设立宣传部，负责为群众讲解疑难问题，化解群众与理事会之间的矛盾冲突；优化红白理事会的人员结构，提升红白理事会人员业务素质；编写红白理事会成员工作指导手册。解决红白理事会的待遇问题，统一标准，每月给予一定生活补贴、误工补助，或采取其他奖励及补贴形式；健全党建引领制度，如村两委成员任会长，加强党的领导；完善红白理事会章程、红白事简办标准等制度，明确红白理事会职责，充分发挥红白理事会作用；加强培训指导，提高红白理事会成员素质，更好服务群众。此外，传统丧葬习俗根深蒂固，要想从根本上树立移风易俗的新风尚，应建立健全红白理事会的规范化管理制度，即建立成员民主选举制度与公开承诺制度，确保红白理事会做到尊重百姓意见，接受百姓监督；红白理事会成员在上任之前要公开承诺，保障百姓的利益能够更好地实现。上述举措可使红白理事会由原来松散的民间组织变为权威、透明、高效的公益性组织，成为沟通群众、宣传政策、化解矛盾的桥梁，确保上下配合与平行配合的有机结合，更好地体现百姓的意见和建议，使权力来源于人民，服务于人民，确保殡葬改革的后

---

① 参见费孝通：《乡土中国》，上海人民出版社 2006 年版，第 145—160 页。

② 参见温铁军：《中国农村基本经济制度研究：“三农”问题的世纪反思》，中国经济出版社 2000 年版，第 411 页。

盾力量稳定，推动殡葬改革稳中求进。

第二，健全完善村规民约等村民自治制度。将移风易俗相关要求纳入村规民约，促进移风易俗的进行，进而带动殡葬改革。对村民移风易俗不仅要进行非正式宣传，还要进行正式宣传，将移风易俗的相关要求纳入村规民约，从制度上进行构建。在将相关要求纳入村规民约的过程中，应召开村民代表大会，明确相关职责与要求，积极采纳村民提出的意见，制定符合当地发展实际的村规民约。只有这样，才能增强村规民约的宣传力度及说服力，才能让村民积极遵守。与此同时，建立物质与精神奖励机制，以村民移风易俗执行情况为依据进行物质和精神奖励；坚持正面引导，弘扬正气，发动群众，全民参与。此外，还应探索建立企业、社会组织等多元社会力量参与的殡葬资源配置管理制度，发挥市场机制对公墓建设与管理的优化调节作用，发挥慈善机制的慈善救助与志愿服务功能，以破解当前殡葬改革地方公共财政投入高、管理成本高、财政压力大、管理人员不足的困境。

4.结束语

本质上而言，我国乡村传统殡葬习俗根源在于传统人类社会知识缺乏、生存能力有限，加之自然环境恶劣等，不仅存在诸多安全隐患，而且为农村人口带来巨额的经济负担。因此，乡村殡葬习俗改革是近年来我国乡村地区移风易俗改革的重要内容，而且对于节约土地资源、提高土地利用率、推动乡村振兴具有举足轻重的现实意义。然而，一些地方由于工作方式方法简单粗暴、配套制度不健全等问题，不仅造成乡村殡葬改革推进缓慢，而且引发了一些影响较为恶劣的社会冲突事件，给乡村社会稳定发展带来诸多隐患。Y县X镇通过建立健全党建引领下的“三治融合”治理模式，充分利用基层政府的政策设计、财政统筹、组织架构、社会协同等制度治理工具，有效破解了乡村殡葬的陈规陋习，推动新时代乡村殡葬习俗的重新构建。本案例中的一些改革措施可为我国其他地方乡村殡葬改革提供经验借鉴与决策参考。然而，由于我国乡村人口数量、质量不断发生变化，乡村社会的经济状况以及社会文化结构亦在不断发生变化，本案例所构建的公共财政主导下的乡村殡葬改革制度治理的“三治融合”模式是否具有长效性，是否能够适应乡村人口、经济以及社会文化特征的变化？一系列问题仍有待于进一步深入探讨。

下篇

合作共生期

案例六

政社携手，共护花“Young”年华

EX 街道社区青少年服务的合作治理之路

改革开放 40 多年来，我国义务教育体制不断改革完善。“减负”行动的实施在提升小学生素质教育水平的同时也带来诸多社会问题，如“三点半难题”造成的二次增负问题。EX 街道办事处根据其辖区具体情况，积极探索第三种选择，即政社合作模式，并取得一定成效。例如，自 2014 年始，该街道办事处在 L 社区和 J 社区试点引进购买“成长青轨线”“花 Young 年华”等青少年公益项目，有效化解“三点半难题”。该街道办事处致力于推动多元主体共同参与社区青少年公共服务供给，是当前我国社区青少年服务合作治理中的典型性实践案例。该案例一方面展现了社区公共服务合作治理中将多元治理主体间不同利益诉求实现有机整合的全过程，另一方面反映了基层政府在与多元治理主体共同为社区公共服务中面临的利益冲突、制度障碍等问题，并由此造成的合作悖论问题。

（一）案例正文

1.引言

社区青少年服务为社区公共服务的重要构成单元。随着我国社会组织数量的迅速增长、规模日益庞大，社区青少年服务的治理主体日益多元化，社会组织日益成为参与社区青少年服务的重要主体。小学生三点半放学的规定源于国家教育委员会、卫生部于1990年6月4日发布施行的《学校卫生工作条例》（中华人民共和国国家教育委员会令第10号）。该条例第二章第五条规定："学生每日学习时间（包括自习），小学不超过六小时，中学不超过八小时，大学不超过十小时。"该政策在20世纪90年代并未造成太大社会问题，一是当时仍处于计划经济向市场经济转轨时期，人们的工作时间相对较为宽松；二是该政策并未被各地学校严格硬性执行。然而，自2000年以来，由于社会上普遍存在青少年学业负担过重的声音，在教育部"减负"政策的要求下，全国各地教育部门普遍开展"减负"运动。如2013年，北京市推出"史上最严减负八条"，明确要求小学生在校学习时间不能超过6个小时，中学生在校学习时间不能超过8个小时，每天下午3点半学校准时放学，各地也纷纷效仿。目前全国各地小学放学时间一般在下午3点半到4点半之间。然而，孩子家长的下班时间通常为下午5点到6点之间。此外，随着国家"二孩"政策的全面放开，很多家庭成为二孩家庭，照顾孩子的时间、经济成本急剧攀升，接孩子放学成为摆在很多家庭尤其是双职工家庭面前的一大难题。一些家庭的女性选择辞职作为全职妈妈照顾孩子；而多数家庭由于经济、家长个人发展等因素，只得将孩子推向社会辅导机构或者退休老人，并由此引发诸多教育或安全问题。为便于描述这一现象，本案例中将下午三点半、四点半放学问题统称为“三点半难题”。

2.三点半放学，几家欢喜几家愁？

(1)焦虑、崩溃的父母

“我简直要疯了！”申女士声称，“今年和去年比我家的幸福指数简直一落千丈，大宝正好上小学，又添了个二宝，家里人忙得团团转不说，现在就连大宝的接放学都成问题。”新学期伊始，从事护士职业的申女士的大女儿从幼儿园大班升级到了小学一年级，家里又新添了二娃。下午三点半，申女士的大女儿就放学，而这个时间正好是二娃睡觉的时间。申女士和她爱人一个在医院工作，一个在政府机关单位工作，平时就她婆婆一个人带孩子。“平时上班时我俩根本接不了孩子，婆婆又得在家看二宝。”申女士说，“我也试过各种办法，比如让婆婆带着二宝去接大宝，但一位老太太在路上推一个小的，领一个大的，实在不安全，再遇上天气不好，更行不通了；或者请个保姆，但开销又太大，而且也就接孩子放学时用得着，平时用不上；又或者请邻居帮忙一起接回来，但一次、两次还行，时间长了也不合适，毕竟人家也会考虑孩子的安全责任问题。唉……真是头大！”这种状况使申女士变得非常焦虑。

(2)退休老人的新增烦恼

走访N市几家小学之后，我们发现，每当临近放学，便可以看到小学门口聚集了很多“白发一族”。很多老人表示，自己没事在家是很乐意接孩子的，但接回去之后，自己能做的就是给孩子做做饭，在孩子的作业上实在帮不上啥忙。“小孙子问我这道题怎么做，我说我不会，他又问我另一道题，我看了看也不会。”孙大爷表示，自己对孙子的作业问题实在是没有办法，只能在一旁跟着瞎着急。“他们现在都得用智能手机做作业，那我就更帮不上忙了。”而其他老人一听到作业问题，也打开了话匣子，你一言我一语地说着自己在辅导孩子做作业方面的困扰。

(3)托管机构乐开了花

经调查发现,由机构托管孩子成为很多家长“迫不得已的选择”。而托管机构费用高且质量参差不齐,不仅加重了很多家庭的经济负担,而且存在诸多隐患。以 EX 街道一名家长为例,其孩子所报的托管机构每月费用合计 1700 元左右,中心城区的托管机构费用则更高。“比我们上全日制的公立幼儿园的费用还高,小学学费虽免了,但钱又花在放学托管上了。”这名家长表示。即便这样,因为需求多,托管机构的名额也非常抢手。很多托管机构在暑假时就要提前报名,如果等到开学再报基本上就没名额了。托管机构的供不应求看似是家长们需求旺盛、选择信任的表现,其实家长们也有各种顾虑。调查过程中家长们普遍反映很多托管机构藏身于居民楼中,甚至都没有取得资质,食品卫生条件、老师辅导水平也令人担忧。

(4)校内延时课堂是否可行

近年来,一些地方政府及教育部门开始探索通过开办校内延时课堂来缓解家长接孩子放学的难题。在上级部门的积极倡导下,一些学校选择了开展课后延时班,有家长来接的可以先走,家长没时间来接的学生可以加入课后延时班,由老师来辅导作业或开设一些兴趣课堂。此外,也有一些不同的做法,如 N 市某些小学依托高校研究生资源,向 A 大学相关专业研究生购买延时课服务,学生家长可自由选择,延时课堂最晚可持续到下午 5:40,该举措获得社会好评。再如 M 小学与其学校邻近的社区合作共建第二课堂,包括孔子学堂、兴趣课堂、托管服务等多元化解决方案,实现了社区、家、校三方共育,在确保第二课堂的丰富性、安全性的同时,及时解决了该社区的“三点半难题”。

然而,反观 N 市各区县的大多数中小学,尤其是 EX 街道办辖区附近的小学,仍未出台相应的解决对策,课外托管机构、兴趣培训班是大多数家长的一致选择。上述学校的学生家长亦曾建议学校开设第二课堂，但是由于教学资源、经费等诸多因素制约，一直未真正落实。首先是老师们的反对与质疑。原本放学后的时间老师们通常用于备课、批改作业、学习。课后延时堂的出现，为他们额外增加了托管孩子的任务，老师们劳动时间延长如何解决？老师们延时课堂的薪酬如何计算？此外，老师们也有孩子，本来可以按时下班回家多陪陪孩子，却不得不加班，心理落差如何平复？其次是家长的疑虑以及“搭便车”行为。很多家长听说放学后可以在教室写作业，还有老师辅导，即使有时间也会晚点来接：“一般我估计着孩子快写完作业了，我再来，孩子有不会的有老师可以给讲讲。而且别的孩子都参加，他自己回来写作业的话，我担心他落下功课。”结果往往脱离初衷，演变成整个班级由老师集体辅导作业而晚放学。延时课堂若是开展兴趣活动，就在无形中挤占了孩子做作业的时间，导致孩子回家后家长还要辅导作业，家长就会想：送孩子去社会托管机构是不是更好？最后是学校管理者的困惑。延时课堂若不安排由老师在教室内辅导学生做作业，而是安排兴趣活动，兴趣班的老师由谁担任？让学生们全部到操场上玩也不可能，全校那么多人挤在操场上，安全也是个大问题。无论是作业辅导还是兴趣班指导，薪酬应当如何发放？如何调动教学任务已很繁重的小学老师们的积极性？

(5)教育部发声：必须解决

三点半放学的根本目的是给学生减负，打破传统的应试教育，将学生从沉重的课业学习中解放出来，走向大自然，促使我国初等教育由传统刻板的应试教育迈向素质教育。然而，善意的公共政策在执行中却带来了更多其他的社会问题，非但未能真正实现小学生素质教育，反而一方面给家庭带来沉重负担与孩子教育问题，另一方面催生了一系列费用高昂的托管机构，不利于青少年的健康成长。针对社会关注度愈来愈高的“三点半难题”，2017 年 3 月，教育部印发《关于做好中小学生课后服务工作的指导意见》，该意见针对“三点半难题”要求各地充分发挥中小学校主渠道作用，普遍开展中小学生课后服务工作。2018 年，教育部部长陈宝生多次发声，要求各地教育部门必须采取弹性化的措施来解决上述问题。如 2018 年 3 月 3 日，陈宝生在中国人民政治协商会议第十三届全国委员会第一次会议期间接受采访时指出，应探索依靠社会力量解决“三点半难题”。3 月 5 日，陈宝生部长在“两会”“部长通道”上针对国民普遍关注的“三点半难题”再次强调，目前已有 25 个省制定符合各省实际的政策措施，但仍面临很多政策难题、政策障碍，今后各地政府要做好三件事：一是总结成功经验并加以推广，二是加强各部门间协商以解决“三点半难题”涉及的政策问题，三是对解决“三点半难题”中出现的新问题加强关注、跟踪。总之，需要各地不懈努力，共同解决好“三点半难题”。

3.政社携手，共建社区免费课堂，破解“三点半难题”

近年来，EX 街道办积极响应国家关于加强政府向社会力量购买公共服务的政策号召，针对 EX 街道社区作为棚户区改造社区居民收入普遍较低的特点，探索向社区社会组织购买“花 Young 年华”等社区青少年服务项目，政社携手，共建社区免费课堂的新做法，以破解“三点半难题”。

(1)“花 Young 年华”社区青少年服务项目的由来

“花 Young 年华”系列青少年事务社会工作服务项目，是由 N 市 C 区团委牵头、街道办事处出资购买、N 市 D 社会工作服务中心提供专业服务的 S 省首个由政府购买的社区青少年服务项目。

EX 街道办位于 N 市南部，属于老旧城区改建，之前社区较为陈旧，房租较低，居民多为普通中下收入水平，且多为老年人口。社区内没有专门休闲娱乐场地，孩子们放学后多在街道及小区内闲逛或是待在家里。许多家长没有过多精力关心孩子成长，大多只关注孩子的衣食问题。父母关怀缺失，导致 EX 街道出现过不少青少年问题。基于此，当地街道办事处于2015年起通过政府购买服务的方式，引入社区青少年服务项目，意在帮助解决该地青少年所面临的各项问题，帮助青少年健康成长。

(2)“花Young年华”社区青少年服务项目的内容

一是免费课堂活动。为解决社区内学生放学后无人看管的问题，针对该地小学下午4点放学时间，“花Young年华”项目面向当地7—14岁青少年免费开设“四点半课堂”，配备相应桌椅，为报名的青少年安排固定位置，并根据需要每月调整，孩子们放学后可直接就座进行学习。同时，由该项目社工以及附近大学的志愿者们为孩子们进行免费的课业辅导，并为每个孩子配备家庭作业记录本。孩子们在家庭作业记录本上记录好自己的家庭作业，由社工和志愿者辅导监督孩子完成作业并填写孩子作业完成情况，最后由孩子为辅导自己的社工或志愿者进行满意度打分，形成相互监督机制。该项目还会在寒暑假开设假期辅导，解决孩子们假期无人看管的难题。

“四点半免费课堂”的活动开展以来，报名方式主要采取现场报名与微信群报名，报名人数递增，受到社区居民的广泛好评。

社区居民李某某：“四点半课堂”的开设真是太贴心了。我和我老公都在企业上班，早出晚归，孩子才上一年级，只能拜托孩子爷爷奶奶接送孩子。可是他们没多少文化，孩子放学后的作业和课外活动，别说辅导，根本听不懂……唉，孩子刚上学那儿，我们愁坏了，课外托管机构收费都很高，而且师资力量咱也不了解呀。社区里当时通知了要开设“四点半课堂”，我们两口子开心坏了，第一个报的名！政府给咱照顾孩子，还是免费的，我们可放心了！照看的人都是专业的社工，人都特别好，而且都是大学生，孩子在这儿能学老多知识呢！

二是周五“社区游乐场”。每周五下午的“四点半课堂”改为“社区游乐场”，通过企业赞助和志愿者们的支持，为孩子们开展一些剪纸和"金笔作文"等课堂活动,或者带领孩子们进行跳绳比赛、拔河比赛等集体活动,解放孩子们的天性,丰富孩子们的生活。

社区居民赵某:我是觉得孩子最好能够自由全面地成长,不想在孩子太小的时候施加太大学习压力。社区里这个项目真的特别好,我家孩子非常喜欢,每周她自己都记着提醒我:"妈妈,这周五的活动你给我报名了吗?你千万别忘了呀!"孩子通过参加这个活动,不仅增长了课外知识,还能和社区的其他小朋友在一起玩一玩,多好啊!

三是节假日文体娱乐活动。在周末或节假日等时间,该项目开展亲子比赛、心智拓展、野餐郊游、公益卖花资助贫困学生等活动,丰富了孩子们的生活,锻炼了孩子们的心智,同时为孩子与家长提供了同台竞赛的机会,拉近了家长与孩子们之间的距离。例如,六一儿童节时,该项目组织社区内青少年参与F广场"趣味六一·快乐易物"活动。每个摊位前摆放着孩子们签上名字的各种玩具,有机器人、变形金刚、积木等。孩子们穿梭其中,看到自己心仪的物品后,他们会仔细询问对方物品的具体情况,并从自己的物品中挑选一个进行交换,在双方意见达成一致后完成易物。

社区居民王某:这个项目挺好的,你还别说,现在孩子们的生活环境真是太好了。他们周末还会组织各种活动,特别有意思,孩子可喜欢了。不过,有些活动得在微信群里抢着报名,社区里孩子多,像心智拓展、野餐郊游这样的活动会有人数限制,得抢着报名才行!

四是安全教育活动。该项目积极开展安全教育活动,如组织以体验式参观为主的消防教育活动,这次活动在N市某公安消防大队展开,共有21名青少年、3名家长及2名社工参与其中。消防安全教育活动不仅为孩子们呈现了一节节生动形象的安全知识普及课,而且使孩子们在参与活动的过程中收获了丰富的知识,获得了社区家长与孩子们的一致好评。

社工赵某某：我在这个项目组工作两三年了，我们组织的活动很丰富，除了“四点半课堂”、周五“社区游乐场”和其他一些教育、娱乐活动之外，还有安全教育活动，我们联系了N市某公安消防大队，利用周末、节假日时间为社区孩子们提供专业化的安全知识教育。居民们对此反响很好，小朋友们报名也很积极，在学习过程中非常认真。

4.“花Young年华”社区青少年服务项目的运行机制

为破解“三点半难题”，解决青少年突出问题，EX街道办以“花Young年华”青少年服务项目为依托，推动基层政府、社会组织、居民、社会志愿者等多元主体相互合作、协商参与来整合资源，共同处理公共事务。各级政府部门主要发挥政策主导、监督评估的作用；社会组织作为公共服务的直接供给方，承担政策执行、运营管理以及多方协调的职责；社区居民既是公共服务的需求者与最大受益者，也是服务的供给者与直接参与者。

(1)政策与物质保障

党的十八届三中全会提出要创新社会治理和提高社会治理水平，推进国家治理体系和治理能力现代化。2013年9月，国务院办公厅印发《关于政府向社会力量购买服务的指导意见》，对政府向社会力量购买服务的必要性、总体方向、规范管理以及扎实推进四个方面内容进行了明确规定；同年，S省人民政府办公厅印发《政府向社会力量购买服务办法的通知》。基于中央及省政府的政策要求，2013年起N市启动政府购买社区公共服务项目，当年全市向社会力量购买公共服务金额达到9.74亿元。为进一步保障政府购买公共服务规范化与覆盖面，2014年6月，N市人民政府办公厅印发《关于政府向社会力量购买服务的实施意见》，为N市政府向社会力量购买服务的主体选择、过程监管等具体运行管理机制提供政策保障。在中央到地方各级政府的政策支持与保障下，EX街道办于2014年购买“成长青轨线”“悦邻宜家”项目，2015年购买“花Young年华”项目等多项社区青少年公益服务项目，并获得社区居民的较好评价。

目前，EX街道办事处每年出资10万—15万元向N市某社会工作服务中心购买“花Young年华”社区青少年服务项目，由该组织安排专业社工人员入驻街道展开青少年服务工作；此外，EX街道办事处为该项目免费提供开展场地、水电等基本设施保障。

(2)项目监督考核机制

目前，政府购买社区公共服务项目已建立由社会组织自我评估、基层政府监督评估与第三方评估构成的全过程考核监督体系，具体流程为：首先，“花Young年华”青少年服务项目负责人向街道办事处递交未来一年的计划书，经街道办事处审核之后决定是否续签合同，即由基层政府部门对项目的可行性进行预评估。其次，社会组织根据年度计划书有序开展具体活动，并将每一次的活动记录下来，年中时向街道办事处递交中期报告，年末向街道办事处递交年度报告，进行社会组织自我评估。最后，每年年末EX街道办事处联系第三方评估机构，对该项目运营情况进行第三方评估。

(3)社会组织参与机制

在管理型政府向服务型政府转型的过程中，引入第三方力量，使参与公共管理主体多样化是必然趋势。随着社会的不断发展，公共需求已经呈现出多样化、个性化的新特点，以政府单一主导的传统供给方式难以满足公共需求，而社会组织由于具有公益性、服务性以及弹性化等个性特征，更有助于满足日益多样化、个性化的公共需求。EX街道办事处的政府购买项目，即由社会工作服务中心提供的“花Young年华”社区青少年服务项目，在社区青少年事务的解决中发挥着重要的主体作用。当前我国社会组织正处于起步阶段，社会工作者的工作性质和工作内容仍存在定位模糊的问题，一些街道办事处、社区居民委员会基于传统“官本位”思想，在实际工作过程中，常常把社会工作者视为行政部门辅助工作人员，造成“被行政化”问题。然而，“花 Young 年华”青少年服务项目并没有面临“被行政化”的危机，而是与街道办事处、社区居民委员会之间建立了平等友好的合作关系。该项目的工作场所与内容保持自身独立，政府作为出资方和监督方，不干涉该项目的具体运行，且没有向该项目的社会工作者摊派与该项目无关的其他工作，该项目的社会工作者只负责其所承担的社区青少年服务项目工作，有效避免了社会工作者“被行政化”问题，建立了政府主导下的平等、协商的合作机制。

(4)社区居民参与机制

社区居民是青少年服务项目的参与者，具有最直接的感受，也是社区青少年服务活动最有力的推动者。负责“花 Young 年华”项目的社会组织在承办各类青少年活动的同时，积极寻求居民意见，建立 QQ 群、微信群，及时了解青少年成长动态及需求，鼓励社区居民积极参与到活动建设中。在社区居民委员会与该社会组织的动员下，参加活动的社区居民一般会直接向社会工作者反馈自己对该项目运营的建议，该项目负责人会根据大多数居民的建议，修改完善下次活动规划；其他社区居民则主要通过基层民主协商会的方式，对项目的运行提出一些建议与诉求。同时，有的家长会根据孩子成长的需求，向该社会组织提出建议，与社会工作者一起商量青少年活动事宜，如根据家长要求开展青少年社区读书交流会。此外，该社会组织鼓励家长作为协同治理的主体参与到青少年服务活动中，发挥自身优势，为孩子们举办相应的社区活动。比如有一位家长从事律师职业，该社会组织经过与该家长的沟通协商，举办了社区普法活动，该家长为社区青少年普及相关法律知识；又如从事心理医生工作的社区居民杨女士，以社区志愿者的身份为青少年免费开设心理教育课堂，同时担任该组织“心灵小屋”的常驻“心灵使者”，倾听孩子们的烦恼，为孩子们的健康成长保驾护航。

(5)社区志愿者参与机制

负责“花 Young 年华”社区青少年服务项目的社会组织在实施该项目的过程中,积极寻求志愿者的参与,形成多方联动、共同解决青少年难题的局面。在志愿者来源上,该社会组织与周边高校志愿者社团建立长期合作关系,形成较为稳定的志愿者来源渠道,志愿者的质量和安全性较高。比如在每天放学后的免费课堂活动中,由两名社会工作者和三名志愿者共同为孩子们提供课后免费辅导服务。

“花 Young 年华”项目负责人徐某:我们这个项目属于政府向社会工作服务中心购买的青少年服务项目,我们这个社会组织在运营过程中自主性很强,“四点半课堂”等各类活动都是我们自主设计的,除了我们专业的社会工作者之外,还有一些大学生志愿者、社会工作专业的学生过来实习,为我们社区的孩子们提供专业化、高质量的课外文化教育服务。

5.政社携手,“三点半难题”破解初见成效

(1)推动城市协同治理,打造宜居和谐社会

EX 街道办事处引进的“花 Young 年华”社区青少年服务项目,以政府购买服务的方式,形成青少年社区服务的多方利益连接枢纽,为社会多方利益主体参与社区服务提供有效途径,切实解决了居民所面临的难题。同时,这一做法丰富了孩子们的课余生活,将学校、家庭、社会三者相结合,在传统的学校教育与家庭教育相结合的模式上,增加社会教育,提高青少年社会参与意识及社会实践能力,促进青少年全面健康成长。社区青少年服务的合作治理,是国家治理体系和治理能力现代化在基层治理的重要体现,有利于推动新形势下的社区治理模式的发展,为其他地区解决“三点半难题”以及城市社区治理提供了一定的借鉴。

(2)解决居民难题,提高居民生活幸福指数

“花 Young 年华”社区青少年服务项目由 EX 街道办事处出资购买,属于政府通过购买社会服务为社区提供公共服务范畴,社区居民无须额外出资,避免了昂贵的课外托管班费用,极大减轻了社区居民负担。该项目重点帮扶环卫工子女、流动家庭子女及隔代抚养等弱势家庭子女融入社区群体生活。此外,该项目举办“社区游乐场”等活动,丰富了社区孩子的课余生活,通过群体游戏增强了社区孩子与人合作、交流、沟通的能力;举办“社区亲子互动”等交流合作活动,为父母和孩子提供了良好的合作交流机会,拉近了双方距离,促进双方沟通及和谐家庭构建。该项目开展后,社区居民纷纷点赞,并竞相报名。

(3)基层政府主导,助力社会组织发展

我国社会组织起步较晚,还存在规模小、发展慢、法律制度不健全等难题。以政府购买的方式,与社会组织签订年度合同,为公众提供公共服务的同时,可有效推动社会组织发展。以本案例中的“花 Young 年华”社区青少年服务项目为例,负责该项目的社会组织一方面具有较强的自主权与独立性,另一方面又与基层政府即街道办事处及社区居委会建立平等合作关系,共同制定年度计划和目标,并据此制定月计划和周计划,自行开展工作。街道只负责进行过程监督和结果验收,避免了社会工作者的“被行政化”。此外,该社会组织注重自身团队建设,在当前我国社会工作者流动率较大的背景下,采用“绩效考核+晋升激励”模式,实现了组织内部稳定就业;在专注社区服务的同时,不断提高自身服务质量,注重自身建设,承接更多街道项目,实现街道与社会组织双赢的局面。

6.深度思考:“三点半难题”能否彻底解决

(1)免费课堂是否可长期持续?

一是资金困境。EX 街道办事处购买“花 Young 年华”社区青

少年服务项目的年度经费为10万—15万元，其中包含该项目的管理费用，如组织运营、员工培训等费用，还有两名入驻社区的社会工作者的薪资费用，以及未来一年内该街道所有青少年活动的花费。在与该项目负责人的访谈中我们了解到，对于青少年服务项目的开展形式、内容，社会工作者与社区家长都有很多很精彩的想法，然而，由于项目经费有限、承办活动的资金较为紧张，他们只能选择在社区周边开展一些小型活动，远足、露营等亲子类活动开展较为困难，至今只举办过一次。

“花Young年华”项目负责人徐某：资金问题是一直以来困扰我们的一个很大问题，政府购买项目服务的经费还是比较有限的，社区里的青少年数量挺多，我们场地空间小、人手也有限，很多时候没有办法为社区里的每个青少年提供“四点半课堂”等青少年公益服务。

二是人才困境。首先，专业化的社会工作者短缺。社会组织是协同政府治理青少年事务的承接方与协助方，是为青少年提供服务的责任方。社会组织的发展水平以及社会工作者的专业化程度直接影响着该社会组织提供的社会服务质量。“如今社会组织的通病是，一个社会工作者负责一个项目，还要带一个新人，任务多且调休困难。同时，负责项目的社会工作者外出参观学习的机会很少，缺乏专业培训。”根据项目负责人的描述，我们了解到，该项目主要由一个专业社会工作者负责，该社会工作者与项目紧紧捆绑，抽不出时间参加专业培训，也无法外出参观学习，阻碍了其自身素质与专业能力的提升。此外，社会工作者工资普遍偏低，如该项目社会工作者每月平均工资不足3000元，造成社会工作者人才不足、流失严重等人才困境。

社会工作者小李：其实我特别喜欢孩子，很喜欢社会工作者这个职业，可是收入太低了，一个月才两千多块钱，大学毕业后这个收入水平应该是挺低的了。你看，我们这儿社会工作者都很年轻，我算是干得时间长的，大家目前都在考虑怎么考个证、换个工作。现在社区里每年都有招考，我们社会工作者报考的特别多，每年都考走好几个呢。我现在也是想在工作之余，好好复习复习，能考到社区里去，收入就多了……

其次，志愿者来源单一。在该青少年服务项目中，志愿者的来源主要是附近高校的大学生，来源较为单一。在考试周，大学生无法再继续参加志愿活动，此时项目内的活动只能由该站点的两名社会工作者负责。社会其他行业参与志愿活动的人员几乎没有，该社区的居民志愿活动参与率也普遍较低。调查问卷数据显示，75.3%的居民表示从来没有参加过该组织的志愿活动，20%的居民参加过不到 10 次，仅有 3.8%的居民表示经常参与，参加次数达到 15 次以上；而且参与志愿活动的居民里大多也是因为该项目负责人主动找其沟通协商的结果。

(2)免费课堂能否承载社区全部早放学的青少年

EX 街道共有 15 条街巷、11 个社区居委会、3 所小学。据不完全统计，截至 2018 年，EX 街道常住人口为 27430 人，共有 8316 名青少年。其中，“花 Young 年华”社区青少年服务项目坐落于 L 社区，共有 1—6 年级阶段的青少年 585 人，参与过免费课堂的青少年人数总计 231 人。但由于该社区由老旧棚户区改建而来，场地不大，基础设施不健全，该社区能为青少年服务项目提供的场地十分有限。例如，免费课堂每次只能承接 30—40 名青少年，我们在调查中了解到，参加过免费课堂活动的家长对活动的满意率较高，但因其规模限制且优先照顾困难家庭的孩子，有的家长表示因自己的孩子不能继续参与其中而感到遗憾。同时，由于该项目坐落在 L 社区，主要辐射面局限于该社区的 Y 小学，距离较远的其他两所小学的家长表示，不管是从学校来这里还是从这里回家，距离都太远，不方便。

社会工作者小王：“四点半课堂”特别受欢迎，社区里想报名的家长其实还有很多,但是我们的场地太小了,每次只能承接三四十个孩子,而且主要优先照顾家庭困难的孩子,很多家长对此提过好多次意见了,希望把自己的孩子送过来。其中一位家长这样说道:"把孩子送你们这儿特别放心,我家不困难,让我们交钱也行!"唉,我们场地太有限了,社区也是费了很大劲儿帮助我们争取了这所房子,场地很难再扩大了……

社区居民张某:"四点半课堂"我知道,他们那儿地方不大,孩子多了就没地儿坐了。我家离这个地方有点远,接送太不方便了!我家孩子报的小饭桌[①],能直接去学校里接孩子。这个"四点半课堂",我们还得自己接了再送过去。我们家双职工,老人也不跟我们一起住,太不方便。我们还是让孩子去小饭桌吧,那个更省心!

(3)社区居民对于免费课堂是否满意

我们通过问卷调查的方式,对参与过免费课堂活动的其中203名学生家长进行了相关满意度的调查。其中,有83.3%的家长表示满意,还有16.7%的家长存在不满意现象。通过对这16.7%的学生家长进行进一步的调查后了解到,85%的家长担心孩子放学路上的安全问题,因该社会组织不提供孩子接送服务,孩子需自行到服务点参加免费课堂活动;同时,32%的家长表示免费课堂活动秩序较为混乱。

社区居民申某:"四点半课堂"是挺好的,但是他们没办法去学校接孩子,我们上班又不方便接送,路上车那么多,让孩子自己走太不安全了。参加"四点半课堂"虽然能省一点钱,但太冒险了,还是去小饭桌吧,更放心!

社区居民孙某某:我去看过"四点半课堂",感觉他们的管理还是有点混乱,没有专业的老师辅导孩子写作业。我跟家里人商量来商量去,觉得孩子教育可是家里的大事儿,还是花钱上课外辅导班靠谱。他们负责接送,最主要的是,人家是专业的机构,为了孩

① 当地人习惯将校外托管机构统称为"小饭桌"。

子,不能心疼这几个钱！你说对吧……

(4)免费课堂模式能否在各地不同社区推广

目前,“花 Young 年华”社区青少年服务项目在 N 市共计入驻三个街道并取得较好成效。通过进一步调研发现,目前 C 区、L 区由于经济实力较强,政府购买社区青少年服务项目(包括免费课堂)较多,运行状况较好;然而,大多数经济实力较弱的区县,其街道办事处下辖社区的此类政府购买社区青少年服务项目很少,如 J 社区由于区财政压力大,近年来没有购买任何公益项目。因此,引入社会力量参与,以政社携手方式运行的社区免费课堂模式,虽然在 EX 街道的运行效果较好,但是否可以在各地社区广泛推广,是否存在诸多发展困境等问题,值得我们进一步深度思考。

7.结束语

“三点半难题”由来已久,全国各地均在积极探索解决之道。EX 街道通过政府购买服务的方式,以“花 Young 年华”社区青少年服务项目为依托进行了解决“三点半难题”的探索并取得初步成效。然而在合作过程中,不断涌现一些新问题、新矛盾,各利益主体间的利益冲突能否得以调适,合作悖论能否得以顺利解决等问题,都要求我们的基层治理者加以重视,积极探讨如何将制度优势转化为基层社会治理能力,推动社会和谐发展。

(二)案例解析

随着中小学“减负”政策和国家“二孩”政策双管齐下,许多家庭特别是大中城市的年轻双职工家庭,时间、经济等方面的压力急剧提升。基于中央及省级政策要求,各地政府纷纷出台“三点半难题”的应对策略。本案例通过对 EX 街道社区青少年公共服务合作治理中多元利益相关者间的利益诉求与利益冲突的分析,在归纳总结该案例中合作治理成功经验的同时，联系N市其他社区免费课堂的运行现状，深入探讨社区公共服务合作治理中潜在的合作悖论与解决对策。

1.理论基础

(1)合作治理理论

合作治理源自西方学者关于合作治理(collaborative governance)的理论，产生于20世纪后期。面对公共事务日趋复杂化、多样化，合作治理作为一种新的治理范式引起诸多学者的关注。1991年，格雷(B. Gray)和伍德(D. J. Wood)首次提出这一概念，并将之定义为“集中多个利益相关者于一个共同的议题，并由公共机构做出一致同意的决定的治理模式”①。作为与传统科层制截然不同的一种公共事务管理范式，合作治理强调公共事务治理的网络化、多元主体以及协调合作等管理理念，该理论被广泛应用于环境治理、跨区域事务或跨部门事务等公共事务相关议题的研究中，并产生了一些具有较大影响力的学术成果。比如安塞尔(C. Ansell)和盖什(A. Gash)在总结前人研究成果的基础上，对137个合作治理的典型性案例进行实证研究，指出合作治理是“一个或多个公共部门与非政府部门一起参与正式的、以共识为导向的、商议的、旨在制定或执行公共政策或管理公共事务或资产的治理安排”②，实现了理论与实践的有机结合与全面提升。然而，目前国内外学者对于合作治理并未形成一致的概念，甚至存在一些矛盾冲突之处，有些学者认为，目前合作治理还处于一个低范式研究领域(low-paradigm research field)，如在概念界定方面存在的竞争性定义、由于内涵不明确而造成比较研究的困难、合作治理实践的复杂

---

① Barbara Gray, Donna J. Wood, “Toward a Comprehensive Theory of Collaboration”, *Journal of Applied Behavioral Science*, 1991, 27(2).

② Chris Ansell, Alison Gash, “Collaborative Governance in Theory and Practice”, *Journal of Public Administration Research and Theory*, 2008, 18(4).

性、研究成果中存在的对立与冲突等造成的合作治理理论本身的悖论。[①]

由于本案例是基于中国场景下对中国问题的研究，因此应基于中国政治经济体制背景构建合作治理的理论分析框架，即基于人民民主专政的国体本质与社会主义民主协商的制度优势，针对当前中国公共事务治理中存在的公共物品发展不平衡不充分问题，在中央及地方政府的政策倡导与资金支持下，基层政府、企业、非政府组织以及社会公众针对某些公共事务治理问题进行对话、协商以达成共识，在此基础上建立对前述公共问题治理的合作关系网络，以实现公共事务治理效能最大化。

(2)利益相关者理论

利益相关者理论源自企业管理领域，其作为一个学术概念最早由美国斯坦福研究院于 1963 年提出，策略管理之父安索夫(H. I. Ansoff)于 1965 年将该概念引入管理学与经济学领域，指出要制定一个理想的企业目标，必须综合平衡考虑企业的诸多利益相关者之间相互冲突的索取权，他们可能包括管理人员、工人、股东、供应商以及分销商。[②] 弗里曼(R. E. Freeman)在其著作《战略管理：利益相关者方法》中，将利益相关者界定为能够影响一个组织目标的实现，或者能够被组织实现目标过程影响的人。[③] 该定义拓展了利益相关者的理论内涵，并推动利益相关者理论被国内外学者广泛应用于企业管理、产权、卫生管理以及公共事务管理等多个领域。

社区青少年服务合作治理中，各治理主体的利益诉求各不相

① Huiting Qi, Bing Ran, "Paradoxes in Theorizing Collaborative Governance", the 9th Sino-US International Conference for Public Administration, China, Beijing, June, 2018.

② 参见贾生华、陈宏辉：《利益相关者的界定方法述评》，《外国经济与管理》2002 年第 5 期。

③ Freeman R E. *Strategic Management*: *A Stakeholder Approach*, Boston: Pitman, 1984, pp.24-27.

同，且均会影响组织目标的实现，或者受到组织目标过程影响，显然，其本质上亦属于利益相关者范畴。因此，合作治理中，基层政府、社会组织、企业、社区居民等多元主体的利益诉求能否实现有机整合，是影响合作治理能否达成以及治理成效的关键。EX街道"花 Young 年华"合作治理项目虽然运营初见成效，但由于内在的利益冲突与制度障碍，存在合作悖论的风险。

2.社区公共服务合作治理主体间的利益冲突与合作悖论

(1)不同地区基层政府的政绩权衡

在传统政绩观影响下，当前我国大多数地区基层政府实施政府购买社区公共服务(包括免费课堂)的根本动机在于政绩考量。然而，经济发展水平不同的区域间基层政府的政绩权衡结果存在显著差异。以N市为例，区县H由于经济实力雄厚，提升社区公共服务水平成为其政府主要领导者的主要政绩目标，目前推行了大量的政府购买社区公共服务项目；而区县I由于经济欠发达，经济结构转型为其政府主要领导者的主要政绩目标，近年来极少投入资金进行政府购买社区公共服务项目。因此，虽然上级政府对于政府购买社区公共服务项目具有明确的政策要求，但由于区域经济发展的不平衡，造成地方政府在政策执行过程中出现政策选择现象，即根据区域发展实际制定相应的政绩目标，并由此造成社区公共服务的合作悖论。

(2)企业参与公益服务的动机不足

合作治理理论强调的是多元性、公共性、互动性、动态性、主动性以及正式性。这对于处于发展初期的"花 Young 年华"社区青少年服务项目来说仍具有一定的挑战性。该项目为了更好地解决"三点半难题"，要实现多方利益主体(政府、社区、市场、居民等)的合作，形成良好的合作治理体系，就需兼顾多方的利益。然而，该青少年服务项目本身是政府购买的项目，具有公共服务性，这决定了项目的投资回报率不是很高。市场的主要主体——企业是以追求利益最大化为主要目标的，两者之间很难达成合作。该项目的负责人坦言，他们曾经举办过青少年护牙活动，与当地一家牙科医院合作，并到医院参观学习，但活动后期对方却要求参加该活动的孩子填写有关问卷并对其进行一定的宣传，让他们感到很为难。所以为了保证该项目本身的社会公益性，他们不会特意去寻求企业的支持。

(3)免费课堂面临严峻发展困境

本案例调查过程中发现，该项目的宣传动员机制还存在不足之处，很多社区居民对其性质不了解甚至不知该项目的存在。通过调查发现(见表1)，在没参加过免费课堂活动的居民中，仅有2.3%的人表示对该项目有所了解，75.7%的居民表示不知道该项目的存在，其中22%的居民表示听说过，但没有真正了解过；有的认为该社会组织和其他的辅导机构是一样的，需要收费，即使听说过不收费，也对其持怀疑态度，对其安全性也存在顾虑。在对该项目负责人进行访谈的过程中了解到，该项目运用的是滚雪球的宣传方式，经参加过该项目的家长、学生的传播，慢慢扩大知名度。除了项目刚开始运营时相关工作人员到社区宣传过，之后并没有开展实际的、有组织的宣传。其根本原因在于，目前免费课堂活动面临场地有限、经费紧张、志愿者短缺等发展困境，基层政府和社会组织均担心大规模宣传造成社区内青少年蜂拥而至，项目承载不了，且易引发矛盾、冲突事件。

表1 居民参加程度与了解程度交互分析

		了解	听说过，不了解	没听说过	合计
参加过该社会组织的免费课堂活动	频次/人	164	39	0	203
	了解程度百分比	80.8%	19.2%	0	100%

续表

		了解	听说过，不了解	没听说过	合计
没参加过该社会组织的免费课堂活动	频次/人	6	57	196	259
	了解程度百分比	2.3%	22.0%	75.7%	100%
合计	频次/人	170	96	196	462
	了解程度百分比	36.8%	20.8%	42.4%	100%

(4)社区居民参与合作治理意识欠缺

在对参加过青少年活动项目的居民进行参与度问题的调查过程中了解到，近半数居民认为解决“三点半难题”、更好地为青少年提供服务需要政府、社会组织和社区居民共同努力，但只有21.2%的居民会参与到组织的活动过程中；22.1%的居民意识到需要参与，但由于时间、精力等因素无法参与；还有超过一半(56.7%)的居民认为无须参加，由该项目社会工作者负责即可。大多数社区居民持“搭便车”心态，即希望不需要付出就能享用社区免费课堂。

3.对策建议

(1)健全社会组织监管机制，确保政府购买服务质量

社会组织的项目由政府购买，而政府的购买资金来源于税收，所以，项目启动资金是取之于民用之于民。社会组织虽然不以营利为目的，但可能由于运作不当产生逐利动机。因此，社会组织的运行必须要接受多方(主要是政府与社区居民)的监督。针对调查中了解到的监管力度不够的问题，可以由政府与居民成立联合监督小组，对项目的运转进行常规性的监督。根据实际调查情况，我们提出以下几点建议：一是监督成员由政府人员与居民代表组成，居民代表可由选举产生；二是建立常规监督机制，实行周期监督，

一般以月周期监督为主；三是监督内容由社会组织、政府与社区居民协商规定，如安全预防等；四是完善社工组织内部建设，形成公平公正的制约监督机制。

(2)健全社会工作人才培养机制，提升社会组织合作治理能力

首先，可以探索建立社会组织与高校双向人才培养机制，以解决社会工作者专业水平欠缺的问题。一方面社会组织为高校社会工作专业的学生提供实习机会，另一方面高校对社会工作者进行社会学理论知识的教育培训，并为社会组织输送社会工作人才。其次，建立健全社会工作者长期成长培养机制，以推动社会工作者工作能力的持续提升。一是社会组织与学校之间建立合作关系，制定互动培养计划，社会组织寻求高校培训机会。社会工作者在成功完成本项目后依据评估结果由上级讨论决定参与高校培训或获得交流学习的机会。二是建立长期成长机制，对社会工作者的表现进行周期评估，再依据评估结果进行职级晋升并按相应职级提升薪资待遇。此外，应进一步规范专业社会工作者的招收、考核、晋升等途径，加强社会组织自身的建设。

(3)健全组织运行机制，提升合作治理规范性

运用现代互联网等技术，通过搭建微信群等方式，在社区、社会组织、居民以及政府之间形成良好的沟通脉络，对所处理的事务采取多元协商的方法，多元主体共同就青少年服务项目需要解决的问题进行协商沟通。政府、社区与社会组织可随时听取居民对于青少年问题解决的看法以及实际活动的需要，充分听取居民的意见与建议，使开展的活动符合绝大多数居民的需求，让居民在更大程度上接受和推动问题的解决。同时，可通过上传孩子们在服务站的图片、视频等多种途径，让家长掌握孩子动态，随时保持沟通，形成对服务项目的良好监督。多元主体之间相互交流、相互理解，以宽容理解的态度协商解决问题，实现从“社区管理”到“社区治理”、“社区行为”到“居民行为”、“解决问题”到“经验推广”的三

大转变，在提高居民参与度、确保解决项目事务等方面实现有效治理，进一步完善组织运行机制。

(4)健全动员激励机制，提升社区志愿者与居民参与度

建立健全社会群体与家长参与激励机制。一是建立健全网络志愿者服务系统，形成志愿者服务档案，将纸质档案提升为网络信息档案，系统记录志愿者服务信息，将每一次志愿服务记入联网档案，并根据志愿服务记录积极开展志愿者评优活动，调动社会各界参与志愿服务活动的积极性。同时，与宣传措施相结合，通过对社会组织的宣传，提高其知名度，以求获得社会信赖。改变以往以大学生为志愿者主体的情况，将社区居民纳入志愿者招募范围，建立多元主体志愿者队伍。此外，吸引社会力量参与，通过街道办事处给予名誉奖励的方式吸引社区企业为项目投资，即街道办事处在举行专项活动时给企业颁发荣誉证书或在其他大型官方活动中为企业做好宣传，促进企业力量参与项目，积极推动社区合作治理，共同推进青少年事务的解决，呵护青少年成长。二是建立社会组织内的家长委员会，加强家长与社会工作者之间的沟通，提升家长对社会组织及项目的了解度与认可度。这一举措可以强化家长主体参与意识，提高家长主动参与的积极性，同时可以提高社会工作者在居民群体中的地位。由于社会组织的外延比较广泛，具有托管机构所没有的灵活性，其可以承接多样类型的青少年活动。由此，家长在有青少年活动需求时，可以向社会组织提出举办相关活动的建议。

(5)家校社联合，探索建立校内第二课堂

探索由政府、学校、社会组织、社区居民(学生家长)四方协同合作的构想模式。由政府提供资金支持、学校提供场地、社会组织协调社会各方资源，建立校内第二课堂，既可以解决社会组织场地不足问题，又可以消除家长对孩子的安全顾虑，为更好地解决“三点半难题”提供了新途径。首先，学校方面可与社会组织联手，只

需提供场地支持，避免了延长校内教师工作时间、增加校内教师负担的问题。其次，社会组织具有丰富的社会工作经验，项目社会工作者对第二课堂从建立到健全、从无到有的过程具有充分的认识，具备承接校内“第二课堂”的能力。通过志愿者队伍的建设，利用社会组织所拥有的丰富的高校志愿者资源，筛选出具有辅导能力的大学生志愿者和其他社会志愿者参与校内“第二课堂”。再者，在对家长进行随机访谈中了解到，作为主要受益方，社区居民对于校内第二课堂的建立普遍持支持态度。最后，政府可为青少年事务的解决提供资金支持，即将教育补贴费用更多地转移到购买青少年社区服务项目上，与学校相结合，将社工组织提供的免费课堂服务阵地转移到学校，为学生提供延时在校课堂。在解决“三点半难题”的同时，由社会组织为青少年提供更多服务项目。通过建立家、校、社合作机制，建立多方参与的平等合作关系，通力解决“三点半难题”。

案例七

老吾老以及人之老

X社区养老服务合作治理的实践与探索

国家统计局数据显示，2000年我国65岁及以上老年人口占总人口的7%以上，我国开始进入老龄化社会；2021年65岁及以上人口占比超14%，开始进入深度老龄化社会。2022年、2023年65岁及以上老年人口占比分别为14.9%、15.4%。预计中国在2030年前后进入老年人口占比超20%的超级老龄化社会。老龄人口的迅速增长、人口结构的快速转变、老龄化社会步伐的不断加快，对我国当前的养老问题提出了巨大挑战；老年人的生活照料、康复护理、医疗保健、精神文化生活等需求不断凸显，面临的养老困境亟待解决。而社区养老服务是应对我国人口老龄化浪潮的重要方式。在社区生活中，老年群体是生活时间最久、对社区依赖程度最高的群体，老年群体的心理感受在一定程度上反映了整个社区的服务指标。因此，关注老年群体的内心世界，破解社区养老困境，提升社区中老年群体获得感、幸福感、安全感，是社区治理与发展的重中之重。本案例以X社区为例，在分析现有研究的基础上，从协同治理的角度，依托马斯洛需求层次理论、福利多元理论分析社区老年人的内心实际需求，力求破解我国社区养老困境。

(一)案例正文

1.引言

伴着和煦的微风，三位调查员来到本次要调查的社区——X社区。让我们印象深刻的是老人们的笑容，那是一种发自内心的快乐的笑容，我们都被这笑容感染了，经询问才知道，原来是社区老年秧歌队大获全胜。托尔斯泰说过，有生活的时候就有幸福。可老年人的生活是什么呢？X社区的老年秧歌队给了我们答案，X社区服务中心的课程表给了我们答案。在多方合力下，X社区不断推进社区养老服务与社区老年人共建、共生、共成长，社区养老服务质量不断提升。

2.国家及地方政策引领，助力A市养老服务

近年来，国家层面出台了《关于加快推进养老服务业放管服改革的通知》(民发〔2017〕25号)、《国务院关于印发“十三五”国家老龄事业发展和养老体系建设规划的通知》(国发〔2017〕13号)、《关于印发〈养老服务标准体系建设指南〉的通知》(民发〔2017〕145号)等文件，大力支持社区养老工作。2008年，A市开始在社区试点社区养老，通过政府购买的方式为一部分社区独居老人、高龄老人等提供服务。2010年5月，A市在总结相关试点工作经验的基础上，结合国家相关规定，出台了《A市社区养老服务工作实施意见》，对社区养老的服务对象、服务内容等提出了明确要求，并在全市所有街道办事处推广社区养老服务。此外，A市政府还出台了《关于加快推进养老服务设施建设的实施意见》《关于印发支持社会民生服务设施建设若干措施的通知》《高龄补贴政策实施细则解读(发放标准)(二)》，为社区养老提供了政策导向，同时以购买社会工作服

务岗位的方式向社会工作服务机构购买服务，助力社区养老服务质量的提升。

3.多元合力，X社区养老服务初见成效

X社区隶属于A市F街道办管辖区域，是一个基础设施条件较好、社会化程度较高的社区。X社区居委会主要负责给社区居民提供党员先锋、民政事务、科教文卫、劳动保障、环境美化、平安建设、扶残助残、计划生育、社会养老和社会组织等方面的服务项目，大力推进社区建设工作。

目前，X社区60周岁以上的老人约有1.4万人，低保老人只有四户，独居老人不多。但是由于子女工作繁忙，大多数老人平时单独生活。老年人口占X社区总居住人口的30%—35%，老龄化程度较高。近年来，X社区积极响应国家及地方政策精神，探索打造社区居委会、社区老年协会、社区居民等多元主体共同参与的互助性养老服务供给模式，不断推动社区养老服务品质提升。

(1)垂白尚有为，黄发亦怡然

老有所为

X社区组建了巾帼舞蹈队，舞蹈队成员全部来自社区热心舞蹈健身的退休人员，她们常年坚持活动和排练，积极参加街道和社区组织的各项文艺活动，用优美的舞姿展示巾帼风采，先后获得省、市、区级健身广场舞蹈大赛多项冠军，多次参加省、市电视台春晚文艺活动。举办社区养老服务宣传月、评选社区十佳老人、社区养老服务体验周、“泉城义工”爱心捐助活动等，引发居民尤其是老人的广泛关注，使社区养老服务资源得到充分的利用，助力社区老年人发现并实现自身价值。

老有所乐

X社区居委会的负一层为社区文化教育中心，设有舞蹈大厅、休闲读吧、电子阅览室、科普大厅等老年人活动室。X社区每周会

举行合唱排练、书画协会创作交流等活动,在传统节日和不同的季节也会举办相应的活动,如端午节社区包粽子大赛、夏至趣味运动会、入冬厨艺大赛、母亲节感恩活动等,不断丰富X社区老年群体的文化生活,满足老年人的精神需求,加强老年人的精神文明建设。与此同时,X社区没有忽略失能失智的老年人群体,会定期组织爱心义卖活动,联系公益组织对失能失智老人进行日常照料、心理帮助,让失能失智老人也能参与社区活动,使他们的精神生活更积极、更健康。

X社区居委会副主任:我觉得现在我们社区老年人的幸福感提升了,生活也更丰富了;来社区参加活动,可以见见朋友,联络联络感情,这对老年人来说多了一份心理寄托。

(2)染恙医使愈,皓首医食足

老有所医

X社区成立了卫生服务站,服务站与居民委员会长期合作,提供健康咨询服务、健康检查服务、疾病诊治护理服务、大病康复服务以及临终关怀服务等,定期给老年人组织免费体检等活动,并负责老年人的社保卡发放与更新工作,为老年人提供相应的医疗保障。

老有所养

X社区的大多数老年人以退休金养老为主,X社区居委会坚持贯彻A市的政策要求,社区80岁以上没有工作的老年人每人每月补贴80元,90岁以上没有工作的老年人每人每月补贴100元,为无儿女供养的老人提供居家养老服务,并成立老年人协会,通过“以老助老”的方式让居民协助社区居民委员会开展相关的社区养老活动。

(3)老当学受益,洞悉人生理

老有所教

X社区居民委员会每周开设老年人文化服务课程,如太极功夫学习班、舞蹈班、合唱班、健康知识讲座等，鼓励社区老人参与其中；还通过开设手机班、电脑班，教会老年人学会使用手机、电脑等电子设备，在贯彻“活到老，学到老”理念的同时，加强X社区养老政策宣传。

X社区居民委员会的工作人员李某：我们社区的养老信息比较闭塞，希望可以加强信息化建设。经常来参加活动的老人都不怎么会使用手机，我们开展手机班等活动就是为了能改善这一情况。只要把沟通渠道打通了，政策宣传等工作就好做了。

老有所安

为保障老人们的生活水准，X社区居委会设置了老年人活动中心、老年人室外锻炼区、老年阅览室等场所，提供餐食、药品等，并为80岁以上的老年人家中安装了应急报警装置，还为老年人提供了一键联系、一键呼叫等服务，这为老年人的日常生活提供了便利。此外，X社区十分重视老人安全问题，多次举办安全知识讲座、灭火器实战演练、权益保障法律宣传等活动，提高了老年人的安全意识，防患于未然。

4.结束语

“社区养老”作为热点民生问题被写进了政府工作报告，在国家政策的支持下，社区养老工作的开展有了一定的突破。本案例以X社区为样本，从多元主体共同参与治理的角度进行分析，力求以小见大，将X社区成熟的做法推广到全国，破解我国社区养老困境。X社区是社区养老的一个创新典型，与其他社区相比，存在一些个性与亮点。该案例背后折射出的各方行为逻辑更值得关注。X社区的成功经验能否推广？在国家大力推进人民美好生活建设的过程中，为了破解社区养老供需不平衡的问题，政府究竟应该扮演何种角色？又该如何满足各方的不同利益诉求？这些问题值得进一步思考、研究、探讨与回应。

(二)案例解析

目前,我国人口老龄化速度不断加快,人口老龄化已经成为我国一个极为严峻的社会问题,对我国经济社会发展具有深刻影响。如何加强社区养老服务建设,缓解日益严峻的人口老龄化问题,是当前亟须破解的一大难题。

本文以X社区为个案,以福利多元理论为分析视角,梳理了在社区养老中出现的供给不足、供需不匹配等一系列问题,从国家、民间组织、社区、市场层面深入剖析原因,并结合马斯洛需求层次理论,明确多元治理面临的困境及其深层次诱因,提出推动社区养老服务高质量发展的对策建议。

1.理论基础

(1)相关概念界定

社区养老

社区养老,是老龄人口养老方式选择的一种重要类型,通常是指以家庭为核心,以社区为依托,以老年人日间照料、生活护理、家政服务和精神慰藉为主要内容,以上门服务和社区日托为主要形式,并引入养老机构专业化服务方式的居家养老服务体系。主要内容包含为社区老年人提供养老、敬老、托老服务,设立社区老人购物中心和服务中心,提供社区老年医疗保健服务,建立社区老年活动中心,为老年人提供法律援助、庇护服务等。[①] 社区养老实现了让老年人住在自己家里,在继续得到家人照顾的同时,由社区的有关服务机构和人士提供上门服务或托老服务。因

① 参见李学斌:《我国社区养老服务研究综述》,《宁夏社会科学》2008年第1期。

此，社区养老也是当前我国大多数老年人选择的一种养老方式。

社区营造

社区营造是指将居民的居住区建成一个有场所认同感、有人文关怀的“大家庭”。在社区营造中，要有相对稳定的地域和适宜的物质环境，重视安居乐业的稳定状态，同时能够满足情感方面的交流和认同；要有互动平衡的体系，基于社会价值体系标准要求建立与完善相应的社区互动机制，从而形成价值认同及行动的基础。社区营造是为了有所行动，即能够就一致的目标达成统一的行动，促进社区的可持续、和谐发展。

（2）理论视角

福利多元主义

福利多元主义主张福利提供主体的多元化，认为福利是全社会的产物。德国学者伊瓦斯（Evers）提出社会福利的提供主体有四方——国家、市场、社区以及民间组织，强调了社区在社会福利提供中的特殊作用。[①] X社区养老服务体系的建设过程中，体现了福利多元主义的理念，即政府、社区、市场、民间组织共同作为养老服务的提供方，依据社区居民的养老需求，整合各种社会资源，以多元化的形式向老年人提供养老服务。

马斯洛需求层次理论

1943年，马斯洛在《心理学评论》上发表了《人类动机论》一文，提出了需求层次理论。他认为，绝大多数人的需求层次是很复杂的，时时刻刻都存在多种需求影响着人的行为。由此，他将人的各种需求由一般到复杂归纳为五类：生理需求、安全需求、社交需求、尊重需求和自我实现需求。当人的某一级需求得到最低限度的满

① 参见彭华民、黄叶青：《福利多元主义：福利提供从国家到多元部门的转型》，《南开学报》（哲学社会科学版）2006年第6期。

足后，才会追求高一级的需求，成为推动努力的内在动力。在对 X 社区进行调查时，我们注重对老年人内心需求进行调查，希望通过了解老年人的实际需求来提出有效对策。

(3)理论分析框架

基于上述理论研究视角，首先运用马斯洛需求层次理论，通过发放问卷、实地采访调查等途径，深入了解 X 社区养老服务供给现状；其次，运用福利多元主义四维分析框架，从国家(政府)、市场、社区、民间组织四个层面深入分析 X 社区面临的养老服务供给困境，并提出相应的对策建议。福利多元主义的四维分析框架是本次案例研究中运用的总体框架(见图 1)，是"躯干"，而"四肢"则为政府、市场、社区和民间组织——政府是社区养老的"指示标"，市场和民间组织是社区养老的"供应商"，社区既是社区养老的"载体"，也是老年群体需求的"感受器"。在社区层面的研究中，运用社区营造理论，探索如何营造一个能满足老年群体物质精神等各方面需求的、与各方主体协同互动的、能真正让老年群体达到"老有所养、老有所医、老有所乐、老有所教、老有所为和老有所安"的养老目标且不断行动着的社区。总之，本案例将上述理论与 X 社区养老服务供给中面临的现实问题有机结合起来并提出解决对策。

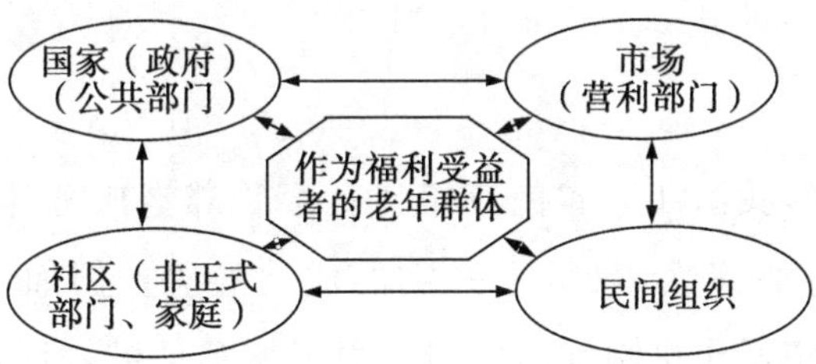

图 1　基于福利多元主义的社区养老服务四维分析框架

2.国内外经验借鉴

(1)国内经验借鉴

台北

我国台湾省台北市的人口老龄化形势也较为严峻,养老服务产业发展速度较快。例如,一些专门针对老年人兴建的养老生态住宅,会对入住者的年龄进行限制,比如年满60岁才能入住。这些中高档价位的老年人住宅有很大的市场,且会随着老龄人口数量的增长和需求的变化调整自己的服务内容,使其适应老人的需求。台塑集团打造的台湾长庚养生文化村,依靠集团长庚医院雄厚的医疗资源,打造了一个既像医院又像社区的养老场所。这个养老场所除医疗服务外,还拥有非常完整的社区功能,银行、超市、餐厅、水疗池、体育馆、宾馆,各类设施应有尽有;同时,还提供一些有偿工作,有园艺、维修等各类专长的老年人,都可通过服务按劳取酬。此外,台北市的社区养老服务水平也在不断提升,如台北忠顺里社区充分发挥了老年人的主体地位,把一些废弃地变为农耕地,老年人可以种一些菜,不仅可以满足日常食用所需,而且还可以让老年人老有所为。[①] "麻雀虽小,五脏俱全",在这样的社区里,老年人不仅能够得到充分的照顾,还能积极地融入社会,获得心理慰藉。

南京

近年来,我国江苏省南京市对社会化养老服务体系建设进行了颇具特色的探索,取得了一定的成功经验。例如,运用政府买单、民间组织运作机制推出的居家养老服务的鼓楼区策划项目,为辖区提供了独居老人的居家养老服务;采取各种形式、各种方法,

① 参见魏捷:《中国养老社区中社会工作的介入方式及其前景——以台湾长庚养生文化村为例》,中国社会科学院研究生院硕士学位论文,2014年。

改造单位闲置厂房，重复利用校舍和闲置的医院，扩增养老床位，改善政府财政紧张造成的养老床位增长缓慢的情况，整合社区资源，加快机构养老步伐；创办了众多适合社区老年人特点的托老所，如“爱心超市”“老年人活动室”“爱心餐桌”等养老服务场所。南京市目前已基本建成社区服务网，如鼓楼区推出96180生活服务求助热线，运用信息技术将南京市近400家相关服务企业联系在一起，构成了一个全面为老人提供服务的平台，为养老事业的发展提供了借鉴。

(2)国外经验借鉴

日本

随着老龄化和少子化问题日益严峻，日本开始关注和发展社区养老，目前已形成较为完善的社区养老服务法律和政策体系，为社区养老服务提供法律和政策保障。日本社区养老服务内容也较为丰富，包括上门、日托、短托、长期服务和保健咨询、指导服务等，满足老年人的各类需求。日本社区养老的组织形式主要有如下几种：一是以政府力量为主，由政府人员与其他民政人员组成服务队伍；二是政府资助下的民间组织，如社会福利协会等；三是企业式服务；四是志愿者自发组织，一般免费用或收取低廉费用，提供陪伴聊天、送饭等服务。日本社区养老服务的人性化程度也较高。如社区的相关工作人员每天会陪着老人一起锻炼，陪他们进行手工工艺活动，请一些慈善团体来表演节目，每隔一段时间组织社区老人外出游玩，丰富老人的生活，提高他们的生活质量。此外，日本社区养老服务的护理人员较为专业，如根据营养标准为老人配置饭菜，建筑设计、家具设置均考虑到老年人生活便利与安全需求，社区公共设施的适老化程度较高。①

① 参见腾翀、高飞、尚红：《国外社区养老服务现状与启示》，《沈阳师范大学学报》(社会科学版)2012年第5期。

英国

英国是世界上较早进入老龄化时代的国家之一。20世纪50年代,英国政府就开始着手解决老年人的养老问题,采取的是大型福利院式的社会养老模式,政府出资雇用大量的工作人员来照顾居住在此的老人。但由于成本过高,改革后逐渐形成官办民助、民办官助等多种方式的社区养老服务供给方式。英国社区养老服务的内容较为齐全,如老年人的起居照料服务(包括饮食起居、打扫卫生、代为购物等),提供相应的食物,安装便携设施,减免老人税收等物质支援,给予老年人心理支持,以及改善生活环境、发动周围资源予以支持等,对老人实施整体关怀。另外,志愿者工作团队也较为系统化,能够为老年人提供多样化的志愿服务。英国有几个很出名的老人城市,如海斯汀、伊斯特邦等,城市中的老龄人口已经达到20%—50%。这些城市风景如画,空气质量、基础设施良好,成为很多老年人安度晚年的首选。英国政府对这样的特殊城市也采取了有别于其他城市的管理和建设措施。如建设大规模的老人社区,配备完善的设施并进行功能划分,使其发展成为集居住、商业和疗养于一体的大型综合社区。①

美国

与其他欧洲国家相比,美国虽然老龄化程度不高,但社区养老服务设施及服务供给也较为丰富。美国现在有较为完善的养老居住建筑和服务体系,如老年公寓、独立性老年住宅、老年社区和日托中心等,基本可以满足各个阶段各种需求的老年人。老年公寓、独立性老年住宅建设在郊外,一般以低密度住宅为主,适合较年轻、健康、不需要特殊照顾的老年人群体,老年人在这里可以享受到郊外清新的空气和美丽的景色,还能充分利用社区特有的资源进行娱乐休闲和体育锻炼。老年社区通常还会有集中的配套设施

---

① 参见王彩星、马淑丽、赵利杰:《借鉴国外模式发展中国社区养老》,《中国老年学杂志》2018年第12期。

以满足大型聚会的需求，使老年人不脱离社会。有的老年社区还为年轻家庭提供合适的住所，实现各个年龄阶段人员的混住，这样做可以让老年人接触到年轻人，精神得到充实和满足，更好地进行社会角色的转换。

在美国，养老社区一般分为四类：生活自理型社区、生活协助型社区、特殊护理型社区以及持续护理退休社区。生活自理型社区主要面向 70—80 岁、生活能够自理的老年人。生活协助型社区主要面向没有重大疾病、80 岁以上、生活上需要照顾的老年人。社区提供一般的基础服务，包括餐饮、娱乐、保洁、维修、应急、短途交通、定期体检等，老人可通过付费方式享受其他生活辅助服务、用药管理及特殊护理（如患有阿尔茨海默病的老人）。特殊护理型社区是一种较为典型的养老模式，以成熟的商业化模式运行，主要面向有慢性疾病的老年人、术后恢复期的老年人及有记忆功能障碍的老年人。社区与医院及专业护理机构均有紧密合作，社区内设有专业护士，可以提供各种护理和医疗服务。持续护理退休社区是为了那些不愿意频繁更换居所的老年人提供的一种过渡型服务的社区，主要面向那些刚刚退休、当前生活能够自理但不想由于未来生活自理能力下降而被迫频繁更换居所的老年人。此类社区一般混合了生活自理型社区、生活协助型社区与特殊护理型社区，以实现对居住老人的持续护理服务。在过去几年里，生活协助型社区发展最快。截至 2018 年，全美共有 1900 个持续护理退休社区，但 82%为非营利性组织所有，相当一部分是从传统养老院转型而来的。对于营利性的养老社区运营商来说，生活协助型社区的占比通常在 50%以上，而持续护理退休社区占比一般不到 10%。①

（3）启示

第一，多渠道筹集资金是社区养老服务获得发展的物质保

① 参见王彩星、马淑丽、赵利杰：《借鉴国外模式发展中国社区养老》，《中国老年学杂志》2018 年第 12 期。

障。综观国外社区养老服务的发展历程可以看出，构建社区养老服务体系，满足多层次老年人的个性化需求，离不开政府和社会各方面的资金支持。而我国目前社区养老主要依托政府投入与支持，社区养老服务资金来源渠道较为单一，极易面临资金短缺问题。

第二，建立稳定的服务人员队伍是社区养老服务的人力资源保障。综观国内外养老服务体系较为完善的社区，其服务人员队伍相对较为稳定，专业化程度也较高。相比较而言，社区社会组织人员短缺、缺乏系统专业的培训等问题，是目前我国很多社区养老服务供给面临的主要问题。

第三，了解社区老人真实需求，运用大数据提升智慧社区养老服务质量是必然趋势。一些社区通常会在了解社区老人需求的基础上进行养老服务供给。进入后工业化社会，大数据、人工智能技术日渐成熟，可充分发挥上述数字工具的技术优势，精准定位社区养老服务的有效需求，在此基础上提升社区养老服务供给效能。

第四，将社区养老服务纳入城市发展与社区建设的总体规划，是社区养老服务高质量发展的重要前提。城市的顶层设计很大程度上决定了城市的发展水平，而社区养老服务规划是城市和社区可持续发展的必要前提。社区养老服务模式是我国城市养老服务供给的重要类型，然而，目前社区养老服务发展不平衡，已难以适应人口老龄化的需求。因此，社区养老服务体系建设尤其是适老化设施建设可纳入城市发展和社区建设的总体规划，以推动社区养老服务高质量发展。

3.问题及诱因分析

(1)当前我国政府社区养老政策不够弹性化

目前尚没有形成完整的养老服务标准体系，如A市出台的养老服务政策性文件《关于加快推进养老服务设施建设的实施意见》

《关于印发支持社会民生服务设施建设若干措施的通知》《高龄补贴政策实施细则解读(发放标准)(二)》等,多为较宏观的指导性意见,且涉及的领域比较有限,主要为居家服务、养老政策等层面,对养老服务产业发展的实践指导作用有限。此外,基层部门通常以贯彻执行国家养老政策方针为主,政策本身的刚性化程度较高,基于其具体面临的问题进行调整的空间较小,难以进行灵活变通。

政府的政策工具在宏观执行过程中主要分为沟通性工具、市场性工具和自愿性工具三类。沟通性工具主要包括信息收集、信息流动、信息识别等工具类型,其目标在于改变目标群体的"知解漏斗"。政府主要通过行政化手段、社会动员等方式与社区居委会沟通相关情况,沟通类工具使用不足容易导致政策信息的断裂。政府在市场性工具的使用过程中主要扮演监督者的角色,但现今的社区养老体系中,企事业单位等介入程度过高或者过低都容易导致失灵。而自愿性工具因政府介入程度和强制性程度低,是政府最有吸引力的理性选择,可最大限度节约公共预算和政策执行成本。

在X社区的养老体系中,政府的政策执行工具选择缺乏灵活性,三种工具均有所缺失,且对三者度的把握不恰当:关于社区养老的相关法律法规不健全,有些规定不明确,而在现有的政策中,养老政策规定严格,变通灵活性不够强,顶层设计不完善。主要原因在于对民生问题的了解不够透彻,听证会、征求群众意见有时候变成了形式主义。显然,X社区只是政策工具选择漏洞的一个缩影,新治理范式的兴起倾向于支持政府在工具选择过程中扩大民主参与度和提高参与质量,增强工具选用的可见性,这是一个新的可行思路。

X社区居委会副主任:我们区与区之间的政策不同,像L区,80岁以上的老年人不管有没有工作,都可以拿到养老补贴,但是Z区就跟不上这个政策,所以从L区搬到Z区的老年人,对政策的转换就很不适应,这种状况希望可以得到改善。

(2)专业化的社区养老人才较为匮乏

社区养老服务管理工作是民政工作的一部分,且养老服务工作普遍面临专业化社会工作者缺失的问题。X社区养老产品供给的质量不高,从业人员一般没有受过专业的培训和指导,缺乏专业技术及素养。问卷调查结果显示,在X社区,目前尚有31.19%的社区老年人表示,对于当前的社区养老建设最希望提高的是服务人员的素质。由此可见,X社区中的养老服务人员整体素质没有达到一定的标准,难以满足老年人的多样化、差异化需求,引起了部分老年人的不满。

X社区居委会副主任:我们居民委员会的职位是固定的,还没有专门的工作人员去负责社区养老工作。我作为副主任,主要管民政这方面的工作,就会牵扯到养老工作,所以我也负责养老工作。养老工作并没有专业的人才去管理。

通过调研发现,A市养老服务从业人员以农村进城务工人员、城市"4050"人员、下岗失业人员为主,其中初中以下文化程度的人员占50%,他们普遍缺乏专业护理知识。虽有部分高校增设了老年护理专业,加强专业人才培养,但人才数量仍然不足,且因待遇或工作环境等因素,多数人毕业后不愿从事这一行业,专业护理队伍建设难度大。少数社区的居家养老服务中心站还没有配备公益性岗位管理工作人员和养老服务人员。同时,社区内的不少服务设施和服务项目还在"试验"阶段,在具体的服务内容、服务方式、服务项目的评估与反馈等环节上还没有形成完善的体系。此外,居家养老服务政策缺乏有效的反馈机制,评估体系也不完善,这提醒相关政策部门需要及时评估已有的服务方式,设计有效的服务反馈机制,对服务方式、机制做更细化的思考。

(3)参与治理主体仍较为单一化

目前,各级政府部门在社区养老服务供给中发挥着关键作用,如制定老年事业发展规划、完善顶层设计，出台相应的政策措施、提供制度保障，为社区养老提供财政支持，建立健全社会养老体系等。然而，过于强调政府部门的主导功能，也造成市场、社会组织及社区参与不足，治理主体单一化问题突出。首先，社区作为政府政策的执行者、落实者，其在对政策的解读、政策落实上不够高效、精准，导致在具体执行政策时缺乏准确性、灵活性。其次，社区为老年人生活提供各种服务，但是由于社区管辖区域大、人数多，加之技术运用滞后、老年群体对科技手段不敏感等原因，社区对老年群体切实需求缺乏实质性了解，不能“对症下药”，无法为社区老年群体提供丰富、方便、可及的养老服务。最后，民间组织、市场的参与度不足。通过调查发现，X社区养老中民间组织与市场力量发挥的作用也十分微弱，如X社区虽然成立了老年人协会，但该社会组织的参与较为有限，主要表现为对政府部门具有较强的依赖性，难以自主参与社区养老服务供给，社区养老服务建设资金短缺，服务管理人才匮乏，公众的认同度低，公众尤其是老年群体尚不能充分理解社会组织的发展与作用。

社区居民委员会工作人员王某：我们成立了老年人协会，但是还没有真正运作起来，想法是“以老助老”，但是很难动员起来。社区居民基本不会参与，社区里的老年人平时虽然没事干，但是也很少有愿意参与的，绝大部分工作还是得我们社区居民委员会承担。

(4)社区养老信息交流沟通渠道具有局限性

X社区为老年人提供服务的渠道主要有：一是以社区居民委员会和社区养老管理中心为中介，老年人有需求或出现养老困难时，向社区居民委员会和社区养老管理中心提出并登记，然后等待社区安排服务上门。二是老年人直接向社区内的服务机构或养老服务人员提出服务需求，通常是有偿服务，同时要求老年人具备相当程度的自理能力，因此，该类养老服务对象具有一定的局限性。

此外，X社区大部分老年人对电子设备的使用不多，而且对信息化的掌握能力低，这大大弱化了X社区对养老政策信息的发布实效、社会服务资源对接和老年人满意度的有效反馈，降低了行政事项的审批效率，给社区养老工作带来极大的不便。

X社区居委会工作人员：我们社区的养老信息化程度不高。像经常来参加活动的老年人，对于智能手机的很多功能都不太会用，我们开展手机班等活动都是为了能改进这一方面。只要把沟通渠道打通了，政策的宣传等工作就好办了。

(5)社区养老服务供需不平衡

社区养老服务供需不平衡是社区最主要也是亟待解决的一大问题，主要体现在两点。

第一，供需数量失衡。一是基础设施数量不足，如针对社区行动不便的老年人，仍未能建设特殊通道，各级部门对于社区养老的基础设施建设的资金投入度不高。二是社区所提供的养老服务项目不足。基于马斯洛需求层次理论，社区老年人的需求可以对应分成五个层次：对生理起居、日常照料的基本需求，对社会保障、医疗保健的需求，对家庭温暖、人际交往、社会关怀的需求，受到家庭成员、社会的尊重，发挥余热、实现自我价值的需求。然而，调查问卷数据显示，X社区只有7.32%的人认为社区养老服务供给能完全满足需求，52.41%的人认为实现了“一般满足”，40.27%的人认为“不能满足需求”；约有83.72%的老年人希望社区为其提供医疗服务和保健康复服务，有67.44%的老年人希望社区为其增加文化娱乐项目，有44.19%的老年人希望社区为其提供心理健康咨询项目等。这说明X社区在适老化设施建设、医疗等方面的服务供给数量不足。

X社区居委会副主任：我们没有进行相关的基础设施建设，街道办事处那边倒是有。咱最多涉及助老这块的民政居安工作。

第二，供需结构不平衡。调查问卷数据显示，有83.72%的老年人认为X社区所提供的服务项目较为单一，希望社区服务项目多元化。尤其是医疗保健类服务的供给满足不了老年人需求，如免费体检的项目种类较少，只能进行简单的身体检查，不能满足老年人多样化的体检需求。此外，在精神慰藉类服务的供给方面，文娱活动的覆盖面不广，参加活动的差不多都是固定的成员，其他老年人对社区所举办活动的知情度较低，而且参与的积极性不高。供需结构失衡，其原因在于：一方面老年群体的参与意识较弱，无法把自己的需求及时反馈给社区；另一方面社区对老年人服务需求的了解精准度不足，从而导致社区所供给的服务不能切实匹配老年人的需求。

X社区居委会副主任：我们对社区养老的期待当然是更加智能化啦，希望有一个云数据库和服务平台中心，咱将数据库延伸到每一家，希望老年人只用语音或者按键操作就可以获得需要的服务，而且希望未来的养老成本不断降低，可以有定点的机构专门负责养老的特定项目，比如可以开展一键配餐之类的工作。

4.对策建议

(1)精准化定位老年人养老服务需求，优化服务供给

社区养老服务体系建设是一项重要民生工程。应坚持以人为本，全面、精准收集社区老年人的养老服务需求信息，定期调查、了解社区老年人的养老需求，比如其想要的养老项目、期望的养老支出费用和服务形式等，确保在全面、精准把握社区老年人养老服务需求的基础上，有针对性地进行供给养老服务，有效发挥社区养老的作用。社区养老服务必须立足于实际需求，真正做到为民所用，而不是止于形象工程、浪费社会资源。在对社区养老服务评估时，应尽可能做到内容全面、方法科学，如对老年人的自理能力、收入水平和来源、家庭照料能力等多方面进行科学化评估，在此基础上针对老年人的差异性需求提供多样化服务。

(2)加强与医疗机构合作,打造社区医养结合养老模式

根据调查结果,X社区的老年人对医疗保健的服务需求较高,而目前的养老服务难以满足其迫切需求。因此,社区亟须加强与医疗机构合作,打造社区医养结合养老模式。如推进医疗卫生资源下沉,加强社区卫生服务站、社区卫生所等基层公共卫生服务机构建设,为社区老年人提供更为便利的健康管理、疫病预防、老年保健以及常见病的一般护理,鼓励有条件的社区提供“家庭病床”,鼓励有职业资格的医生到社区开展健康讲座、上门看病等服务项目。对于社区而言,在落实好相关政策要求的同时,积极联系相关的医疗机构,促成合作关系,推动社区医疗服务项目的发展。如X社区为了满足老年人对医疗保健的多样化需求,主动联系相关的医疗机构,与其建立长期合作关系,为社区老年人提供骨骼体检项目,进一步丰富了体检项目的种类,提高了老年人对社区养老服务的满意度。

(3)推动多元主体参与,构建社区养老服务协同供给机制

基层各级部门在养老服务政策落实过程中,应充分发挥政策引导、组织动员作用,推动公共部门、企业、社会组织及公民个体等多元主体参与,建立健全社区养老服务协同供给制度体系与运行机制。首先,应充分发挥社区两委工作人员的上传下达与宣传动员功能。一方面,积极向政府反映目前社区养老情况并提出关于社区养老的有效建议和方案,为政府养老政策的更新奠定一定的基础;另一方面,向民众做好政策宣导工作,及时传达相关政策方针,并鼓励社区老年人参与社区养老活动,营造良好的社区养老服务合作氛围。其次,积极鼓励社会力量参与社区养老服务供给。建立健全市场、社会力量参与社区养老服务供给的激励机制与管理体制,推动市场与社会力量参与社区养老服务供给,逐步形成由政府、市场、社会及居民共同参与的社区养老服务协同供给机制。如X社区积极联合老年人协会共同开展社区养老活动,并不断吸

引新的社会组织参与社区养老工作。最后，充分调动老年人参与社区养老活动的积极性和创造性，促使其积极参与社区养老活动，为社区养老建设提供自己意见和建议，并通过社区活动不断地实现自身社会价值。

(4)探索“互联网+社区养老”，推进社区养老服务智慧化

第一，探索建立社区养老服务信息管理系统。首先，探索建立社区养老服务信息数据库。由相关政府部门统筹，利用大数据的技术手段，联系民政、社保、卫生、残联等相关职能部门，建立社区养老服务信息数据库。社区养老服务信息数据库应包括四个方面，分别为老年人的身份基本信息、养老服务提供者的信息、服务对象的需求信息和服务对象的健康记录。其次，构建智慧健康养老信息平台和老年应急救援服务平台建设。充分运用物联网、大数据和智能监测等技术，提高健康养老的数据分析能力，为社区老人提供健康管理、安全监测、应急救援、精准医疗急救等安全保障服务。按照“政府引导、社会参与”思路，依托社区养老服务信息数据库，建立社区养老服务智能化信息网络系统，通过信息化平台为辖区老人及老年服务机构提供准确翔实的信息数据和服务档案，及时掌握老人基本情况和需求动态；将政府及部门、社团、社会服务机构等信息系统整合进社区服务中心信息网络，使社区养老服务中心系统平台与社区老人需求、社会各方面服务相衔接，保证中心能够根据老人需求迅速做出回应、开展服务；构建紧急救援、生活帮助、家政服务、精神慰藉服务体系；将社区养老服务信息化建设纳入“智慧城市”发展规划，与“智慧城市”建设同谋划、同部署、同实施，同时要注意解决好系统兼容和网络协同问题，力争实现社区养老服务信息化网络全覆盖。

第二，推进社区养老服务信息技术体系发展。首先，以企业为主体，建立养老服务信息技术智能创新体系。鼓励更多的企事业单位、高等院校和科研机构投入养老服务信息系统的技术研发，结

合我国老年人信息设备的接受程度，借鉴国外优秀智能养老产品，积极推动移动终端设备、便携设备等项目技术的研究与开发，推进形成由前端设计到终端市场的新体系，开发适宜于老年人使用的智能新产品。比如，欧盟研发的老年人全职护理机器人已具备以下主要功能：通过穿戴式检测装置进行测量血压和体温等简单的医护操作；提供简单的家庭服务劳动，如端水送饭、传递用品和开关电视等；参与老年人偏爱的互动游戏；通过视频保持同医护人员与救援机构的互动；等等。又如，为了解决中老年人因为年龄、知识、习惯等方面的原因互联网应用能力较低而给智慧社区养老模式的推广带来障碍的问题，X社区会定期举办老年人手机班、电脑班课程，帮助社区老年人掌握信息化技能，激发他们对互联网养老产品的使用积极性，将社区活动与社区智慧养老建设充分地结合在一起。其次，完善相关政策保障机制。支持具有自主知识产权的产品开发，鼓励企业努力突破养老产品的关键技术瓶颈，重点引导，组织实施技术标准建设，对研发新产品进行试点和推广，引领高端产业链扩展。

(5)强化数字赋能，建立健全社区养老服务质量绩效评估体系

建立健全社区养老服务标准和评价指标体系，通过客户评议、群众回访、电子比对等管理信息系统，对服务进行评价。开展社区养老服务质量体系认证，逐步将社区养老服务纳入规范化、标准化、程序化轨道。建立退出机制，对服务质量好的单位给予信用推荐；对存在严重服务质量问题的服务商或供货商，取消其服务资格，并将不良记录信息报送有关管理部门，实行准入限制。运用大数据的信息手段，提高我国社区养老服务人员的专业素质，不断加强社区养老人才队伍建设。比如，天津鼓励各社区养老运营机构通过校企合作，“订单式”培养养老专业人才，提升社区养老服务水平，在“互联网＋”的大背景下，不断创新社区养老人才培养和建设模式。又如，X社区虚心学习和借鉴国内外优秀的智慧养老经验，

并结合社区自身资源条件，开始探索智慧养老的新模式，逐步建设社区养老服务咨询和反馈平台，建立双向沟通机制，提高沟通服务效率，及时反馈老年人的养老需求和问题。

5.结语与展望

时代在进步，社会在发展。相信未来的社区养老服务将朝着智能化、信息化的方向不断前进。希望社会各个主体都能积极参与社区养老工作，自觉承担起社会责任，实现自身的社会价值，促进社会交流，融合社会力量，共同营造良好的社会养老环境和氛围。在科学技术深入社区养老工作的同时，期待能够通过社会各方面的力量，将老年人的个人进步与社会进步紧密结合在一起，真正实现“老有所养、老有所医、老有所乐、老有所教、老有所为和老有所安”的养老目标，共同建设幸福美好的和谐社会。

多案例比较

圆安居梦，筑幸福滩

山东省黄河滩区迁建社区治理体系的变革与重构

黄河发源于青藏高原，横贯九个省区，一路冲关夺隘、千折万转、奔腾万里，在山东省汇入茫茫渤海。从古至今，黄河流域治理问题引起各方的高度重视。自党的十八大以来，黄河流域生态保护和高质量发展上升为国家重大战略并得到贯彻实施。

2021 年 10 月 21 日上午，习近平总书记来到黄河入海口山东东营垦利区杨庙社区考察，对社区群众亲切地说："党的十八大以后，我就关心黄河滩区迁建问题。全面开展搬迁、迁建是一件了不起的事情。看到你们安居乐业，我感到很欣慰。"

10 月 22 日，习近平总书记在山东省济南市主持召开深入推动黄河流域生态保护和高质量发展座谈会并发表重要讲话，要求山东努力在推动黄河流域生态保护和高质量发展上走在前。习近平总书记指出，党中央对黄河滩区居民迁建、保证群众安居乐业高度重视。要扎实做好安居富民工作，统筹推进搬迁安置、产业就业、公共设施和社区服务体系建设，确保人民群众搬得出、稳得住、能发展、可致富。[①]

---

① 参见《习近平主持召开深入推动黄河流域生态保护和高质量发展座谈会并发表重要讲话》，2021 年 10 月，http://www.gov.cn/xinwen/2021-10/22/content_5644331.htm。

当我们走在山东省最大的黄河滩区迁建社区，看着来自不同村的村民齐聚在此，整洁的道路，舒适的环境，每个人都渴望在新的社区扎根、发展，能稳定地生活下去。社区安治，居民心安，了解居民的真实居住体验，关注迁建社区治理情况，找到居民真正所需，就是我们调研初心所在。

1.绪论

(1)研究背景

黄河是中华民族的母亲河，保护黄河是事关中华民族伟大复兴的千秋大计。黄河流经青海、四川、甘肃、宁夏、内蒙古、山西、陕西、河南、山东等 9 个省区，流域面积 79.5 万平方公里。黄河流域治理问题一直是党和政府关注的重点。党的二十大报告明确提出了要“推动黄河流域生态保护和高质量发展”。为贯彻落实黄河流域生态保护和高质量发展战略，彻底改变黄河滩区落后面貌，切实解决滩区群众防洪安全和安居问题，推动城乡一体化协调平衡发展，自 2017 年起山东、河南启动黄河滩区居民迁建工作，涉及近百万人口，仅山东就涉及 7 个市、17 个县，共 60.62 万人。

《山东省黄河滩区居民迁建规划》明确提出：到 2020 年，全面完成滩区居民迁建各项任务，基本解决 60.62 万滩区居民的防洪安全和安居问题。[①] 以保障黄河安澜、实现滩区群众“安居梦”和致富奔小康为目标，汇集各方资源，创新迁建方式，着力提高基础设施和公共服务水平，着力改善生产生活条件，着力培育后续发展产业，以迁建促发展，以发展助迁建，努力实现滩区群众迁得出、稳得住、可发展、能致富，促进黄河滩区长治久安和经济社会可持续发展。

现今，滩区村民已基本从黄河滩区搬出，黄河滩区治理进入后迁建时代。滩区居民迁建安置一般采取将村庄宅基地推平复耕、

---

① 参见《国家发展改革委关于印发山东省黄河滩区居民迁建规划的通知》，2017 年 8 月，http://fgw.shandong.gov.cn/art/2017/8/17/art_91539_7340653.html。

合村并居、村民集中上楼的方式，形成了“多村一社区”的特殊社区样态。在城乡融合发展、新型城镇化的大背景下，这些滩区迁建社区的综合服务设施配建正在逐步完善，基本公共服务均等化进程也在不断加快推进，但社区管理的体制机制尚未理顺，依然保留了原有的村“两委”、村集体经济组织等组织架构和管理设置，形成了社区化建设与村庄治理并存的“双轨制”社区管理样态。从居民层面而言，迁建不只是简单的居住空间的转移。滩区村民上楼后，户籍身份、生活成本、社会关系和生产方式等发生一系列改变，充满了复杂的结构转换和各种不适应，普遍缺乏对新社区的认同感、归属感，社区融合度低。

因此，推动黄河流域生态保护和高质量发展战略走深走实，亟须解决的一个重大政策和理论问题即是全面提升黄河流域社会治理体系与治理能力现代化水平，使黄河滩区群众“搬得出、稳得住、能发展、可致富”。

(2)研究问题

黄河滩区迁建社区是一种介于城乡之间的形态，在空间特征、社会关系和治理模式上都具有显著的过渡性特征。这种“多村一社区”形态的过渡性主要体现在以下三方面：一是生活场域的二元性。迁建社区在受到现代城市文化影响的同时，还留有传统农村社区的诸多特点和深刻印记，具有明显的城乡二元性。二是社区构成的多样性。随着房屋买卖和出租，迁建社区的外来常住人口数量逐渐增多，居民构成的异质性、流动性和复杂性不断增强。三是社区治理的复杂性。由于管理体制等限制，社区公共资源的投入开发和公共空间的拓展明显不足，加之居民构成的多样性，给社区管理、公共服务、社会治安、环境卫生等方面带来诸多问题与挑战。“过渡性”本身恰恰是滩区迁建社区中一系列社会冲突和社会治理问题的总根源。科学的社区治理，能够有效化解和控制迁建社区中存在的诸多矛盾冲突，从而为实现这类社区从农村向城市平稳过渡、从传统向现代彻底转换赢得更多的时间与更大的空间。

因此，如何优化迁建社区治理结构，理顺社区治理机制，提升社区治理能力，实现有效社区治理，成为迫切需要研究的问题。

本文拟从“组织—功能”的理论视角出发，基于实地调研，着力探讨黄河滩区迁建社区治理的现状、存在问题及其制约因素，提出相应的政策建议。从这一研究目的出发，本文选取了山东省济南市长清区孝里街道、菏泽市东明县、聊城市莘县和东阿县、滨州市滨城区、东营市垦利区作为调研对象。

其中，济南市长清区孝里街道“孝兴家园”安置社区作为山东省规模最大的黄河滩区迁建安置工程，总共涉及39个行政村，3.2万滩区村(居)民，是济南市滩区迁建工作的主战场。该社区能够集中反映黄河滩区迁建社区的过渡性样态特征与治理难题，极具个案典型性和学术研究价值。菏泽市东明县共有焦园、长兴集、沙窝、菜园集4个滩区、半滩区乡镇，共涉及148个滩区自然村，11.96万人口。截至目前，东明县已完成迁建村台25个。其中，菜园集镇涉及14个自然村，2个筑村台，1916户，8867人；沙窝镇涉及24个自然村，2个筑村台，1个外迁筑村台，3997户，14989人；长兴集乡涉及63个自然村，10个筑村台，14375户，52646人；焦园乡涉及47个自然村，10个筑村台，12251户，43178人。此外，调研团队还走访考察了聊城市莘县古城镇、东阿县铜城街道，滨州市滨城区黄河馨苑以及东营市垦利区杨庙社区。

(3)研究意义

理论价值层面：黄河滩区迁建社区提供了一种“多村一社区”的过渡性社区样态，面临的治理难题有其阶段性、特殊性，但更多反映出的是城乡融合发展和新型城镇化快速推进所带来的深层次结构性问题，因此具有一定的普遍性和代表性，更能透视当前我国转型社会的微观治理图景。本文的研究有助于推进黄河重大国家战略、“多村一社区”等过渡型社区治理、公共服务均等化等方面的研究。

现实意义层面：要扎实推动黄河领域高质量发展和共同富裕，

真正实现黄河滩区搬迁群众“搬得出、稳得住、能发展、可致富”，关键在于有效解决黄河流域社会治理面临的突出难题，深入推进基层社区治理体系和治理能力现代化。本文着力探讨黄河滩区迁建社区治理的现状、存在问题及其制约因素，提出相应的政策建议，可为沿黄流域各级党委政府的相关治理工作决策和政策文件制定提供参考。

2.研究设计

本文的调研时间是2022年9月至2023年5月。调研主要采取问卷调查法、半结构式访谈法收集第一手资料，并以文献法和实地观察法作为补充。

(1)研究方法

问卷调查法

为了保证研究的科学性和规范性，调研主要采取了问卷调查法。问卷调研的对象为16—80周岁的滩区迁建居民，涵盖了不同性别、年龄、收入状况等居民类型，主要收集黄河滩区村民集中上楼安置后的基本生活生产、就业、家庭收支状况和社区公共服务需求等基本信息。问卷调查采用简单随机抽样方法，在95%的置信度下，按抽样误差不超过3%的要求，进行多阶段抽样调查，共收集问卷1100份，有效问卷1023份，有效率93%。实地调研结束后，利用SPSS数据统计与分析软件对所收集的问卷进行归纳整理和统计分析。

半结构式访谈法

本文调查还采取半结构式访谈方法，针对不同的社区治理主体进行了焦点小组访谈和个案访谈。访谈对象包含滩区街道(乡镇)党工委、办事处、管区、村“两委”、社区物业公司的负责人及部分居民，共计9次焦点小组、110余人次。访谈内容主要包括迁建社区基本状况、基层党建和自治组织情况、集体经济组织发展情况、社区社会组织发展情况、居民公共服务供需状况，以及面临的困难问题和原因等。

文献法

调研团队较为全面地查阅了山东省及调研地五市的民政、人社、农业农村等部门颁布的相关政策文件，以及滩区街道党工委、办事处提供的调研报告、统计数据等资料，总结出黄河滩区迁建社区治理的阶段性特征，并实地收集各村“两委”的公示栏信息、上墙规章制度等，进行类别化、类型对比分析，得出相关结论。

实地观察法

调研团队通过实地走访，参与观察滩区村（居）民搬迁后的实际环境规划、迁建后的生活方式、农业工作以及特色产业的生产模式并实地观察记录。

（2）理论基础

近几年过渡型社区从农村的行政村建制转为“居民社区委员会”建制，但在内涵上还在逐步建构城市社区的组织架构、管理职责和管理模式。[①] 如何处理好乡村慢发展与社会快速现代化之间的张力，找寻乡村传统与现代发展有机结合的契合点，在搬出之后能够稳得住、能发展、可致富，关键在于研究如何真正发挥各个治理主体组织的功能，探索过渡性社区如何进行社区治理。

梳理近年来学术界对合村并居、“多村一社区”、城市边缘社区、城乡接合部旧村改造等过渡型社区治理问题的研究文献，相关研究基本上可以概括为以下两个视角。一是制度变迁视角。相关研究指出，基层社区治理转型提出的新要求，实际上是国家—社会关系变迁在基层社会的投射，大致经历了从汲取型政权到悬浮型

① 参见王惠林、洪明：《政府治理与村民自治的互动机制、理论解释及政策启示——基于“美丽乡村建设”的案例分析》，《学习与实践》2018年第3期。

政权[1]再到协调型政权[2]、治理型政权[3]（嵌入型治理）的转变，但是党政力量在加强过渡型社区治理中体现的地方权威主义治理逻辑面临诸多困境。二是“环境—系统”视角。相关研究认为，相比较于普通的城市社区或农村社区，过渡型社区面临更加复杂的社会环境，治理结构和组织建设上体现出多元性和差异性，治理难度较大，需要系统推进基层权力主体关系重构、运作要素重组和运作机制重塑，以实现社区治理的精准化、规范化要求。[4] 已有研究更多从制度、结构层面分析过渡型社区治理结构，但对于行动者（作为基层社区治理主体的各类组织和居民）的权能发挥及其对治理结构带来的张力等研究尚有不足。

迁建社区虽然脱胎于农村社区，但已经基本丧失了农村社区的内部联结，农村社区曾经拥有的治理资源和治理传统虽然还有部分在延续，同时也在快速消逝，这类社区有着其独特的治理需求和治理方式。[5] 本文引入新的“组织—功能”解释视角。应当看到“村转居”社区已经被纳入城市社区管理的范畴，日常运行也要求按照城市社区的方式进行。但“村转居”社区管理的本质，依然是以“村”为主。[6] 在创新基层治理体制的进程中，党组织引领下的自治组织、集体经济组织、社区社会组织、专业化社会服务组织、市场化组织、居民群体等多主体参与是新时代社区治理体系现代化的理想类型，也是过渡型社区治理有效的关键。基层组织体系作为基层治理的中枢，因组织属性、组织功能、组织模式、组织运转等方面的异质性而形成社区治理结构的内在张力，造成了过渡型社区

① 参见周飞舟：《从汲取型政权到“悬浮型”政权——税费改革对国家与农民关系之影响》，《社会学研究》2006 年第 3 期。

② 参见杜鹏：《乡村治理结构的调控机制与优化路径》，《中国农村观察》2019 年第 4 期。

③ 参见吴青熹：《资源下沉、党政统合与基层治理体制创新——网格化治理模式的机制与逻辑解析》，《河海大学学报》（哲学社会科学版）2020 年第 6 期。

④ 参见唐斌尧、谭志福、胡振光：《结构张力与权能重塑：乡村组织振兴的路径选择》，《中国行政管理》2021 年第 5 期。

⑤ 参见徐琴：《城市化进程中“村转居”社区居民自治的再建构》，《学海》2013 年第 4 期。

⑥ 参见徐琴：《“村转居”社区的治理模式》，《江海学刊》2012 年第 2 期。

治理能力不足、治理效能递减。

由此，本文基于“组织—功能”解释视角，主要聚焦于过渡型社区治理的内部因素，对黄河滩区迁建社区场域内的多元治理主体特征、双轨制管理体制造成的内在结构张力展开分析，从而深化对如何理顺和优化黄河滩区迁建社区治理体系的理论解释。

(3)研究思路

基于“组织—功能”解释视角，本文的研究思路如图1所示。

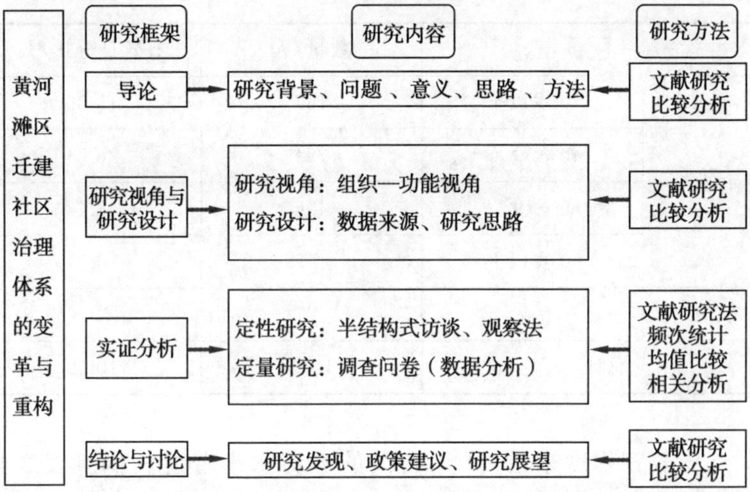

图1　研究思路

3.黄河滩区迁建社区治理的阶段性特征

当前社区治理结构体系中，党组织、自治组织、集体经济组织、社区社会组织、专业化社会组织、市场组织和居民等，共同成为基层社会治理的行动主体。社区治理共同体是以党组织为中心、将各类组织和居民囊括在内，诸多治理主体互动合作，充分发挥作用，形成治理合力。因此，下文将基于实地调研，从居民和基层组织两个层面分析迁建社区治理现状和阶段性特点。

(1)居民层面

人口结构:老龄化严重,教育程度低

实地调研发现,潍区迁建社区中的男性青壮年基本外出打工,常住人口以留守老人、留守妇女和留守幼童为主,“空心化”状况突出,且老龄化程度较高。表1显示,问卷调查的受访居民中,60岁以下占比44.5%,60岁以上占比则为55.5%。

表1 受访居民年龄分布状况

		数量/人	有效百分比/%
有效	40岁以下	157	15.35
	40—59岁	294	28.74
	60—79岁	496	48.48
	80岁以上	69	6.74
缺失		7	0.68
总计		1023	100.0

从受教育程度来看,迁建居民的学历水平普遍较低。表2显示,问卷调查的受访居民中,小学及以下学历占比高达46.2%,初中学历占比为35.5%,高中学历占比为13%,本专科及以上学历占比仅为5.3%。

表2 受访居民受教育程度

		数量/人	百分比/%
有效	小学及以下	472	46.2
	初中	363	35.5
	高中/中专/技校	133	13.0
	专科/本科及以上	55	5.3
	总计	1023	100.0

家庭收支:收入增加难,消费支出大

调研地的各级党委政府积极通过相关政策举措,吸纳黄河滩区农村转移劳动力就业,扩展滩区迁建村(居)民收入渠道。这些举措主要包括优化营商环境,加大招商引资力度,支持电商等新业态就业创业,发展专业合作社,开展高素质农民培育计划等特色职业技能培训。但是滩区迁建村(居)民家庭收入增加依然存在一定困难。滩区村(居)民在经过搬迁上楼后,就业结构发生一定程度的变化,即由于土地的失去,从事农业的居民减少,二、三产业成为最主要的就业渠道。这一就业结构的变化在很大程度上体现在居民收入上的变化。本次问卷调查的数据统计显示,受访的滩区迁建居民家庭的年均总收入为3.6万元,而受访的滩区未搬迁居民家庭年均总收入为4.19万元,两者之间的差距约为0.6万元,其主要原因在于迁建居民失去了农业种植收入。表3的数据反映出这一变化,打工收入是受访居民的主要来源,在收入结构中的占比达到25.1%。

表3 受访居民家庭的收入来源

		频次	有效百分比/%
有效	打工收入	125	25.1
	养老金或退休金	117	23.5
	子女赡养费	96	19.3
	房屋租赁收入	39	7.8
	摆摊开店经营收入	38	7.6
	原村集体福利待遇	34	6.8
	社会救助及其他补助	28	5.6
	股票基金及其他理财产品	4	0.8
	其他	17	3.4
	总计	498	100.0

受制于受教育程度较低、掌握就业技能不足及年龄等因素，迁建居民在二、三产业再就业方面存在诸多困难。表4显示，有70.3%的受访居民目前处于没有工作的状态，而在无工作的受访居民中，60岁以下占比为31%，60岁以上占比为69%。迁建社区内的就业岗位供给不足，因此大量青壮年劳动力外出务工，多从事建筑、电焊以及家庭服务等行业。由于近年来的疫情等客观因素限制，其就业稳定性受到影响，收入情况不稳定。

表4　不同年龄的迁建社区居民工作状况

			年龄		总计
			60岁以下	60岁以上	
工作状况	无工作	计数	223	495	718
		占工作状况的百分比/%	31	69	100
	有工作	计数	237	67	304
		占工作状况的百分比/%	78	22	100
总计		计数	460	562	1022
		占工作状况的百分比/%	45	55	100

同时，搬入迁建社区上楼后，居民家庭的消费支出普遍增多，生活压力较大。问卷调查数据分析显示，迁建居民家庭年均总支出为47620元，特别是老年家庭的收入较低，不足以支撑日常开支。

受访居民：哎，开店的钱也刚够我们平常吃饭用的，一个月也就3000来块钱，好的时候多点，不好的时候少点。你看见刚才来买东西的那个人了吗？才买了5块钱的东西。（B21，女，62岁，Z村村民）

相较于上楼前，家庭需要开支的项目多出了水电费、燃气费、物业费等，伙食费等日常开销也急剧增加。

受访居民：年纪大，也找不了什么工作啊，现在就是真没啥钱啊。出来之后开销也大，我们吃饭啥的都得花800(块)左右，水费、电费、煤气啥的，合起来都快200(块)，以前在村里都不用花这个钱。(C23，女，82岁，X村居民)

入不敷出的收支情况以及挣钱难的现实状态，使得迁建居民“住上城里房”的喜悦感逐渐开始下降。因此，如何提高黄河滩区迁建社区居民就业质量，增加家庭收入成为迫在眉睫的问题。

公共服务：需求多样化，但供给不足

当前，迁建社区为居民提供的公共服务内容主要包括：就业服务方面，如孝里街道现成立了山东鹏劳、山东明达两所专业人力资源培训学校，对附近合适的劳动力进行面点、护理、家政、保洁、保安、电焊等适合农民工作的工种培训。教育服务方面，多建有小学和幼儿园。文化娱乐服务方面，多设有文化中心，如孝里街道建有“泉城书房”长清区图书馆孝里分馆和孝里镇综合文化站，有条件的村庄成立了村文化大院。社区内建有广场，可为居民自发成立的广场舞队、艺术团等社区组织提供娱乐场所及设施，此外还设有健身器材供社区居民锻炼身体。医疗服务方面，孝里街道建有4个社区卫生服务室，街道还有一所集医疗、保健、康复、医养为一体的综合性中心卫生院。

在问卷调查中发现，居民的公共服务需求呈现出多样化、专业化、个性化的特点。排前五位的居民服务需求，从高到低依次为文化娱乐活动服务(15.7%)、失能或半失能老人的照料服务(13.5%)、政策咨询服务(12.2%)、法律服务(11.2%)、就业技能培训服务(9.3%)(见表5)。而社区提供的现有服务内容难以有效满足居民不断增长的需求，其中，最为突出的矛盾主要体现在养老服务与就业服务两个部分。

表 5 社区居民公共服务需求统计

		频次	百分比/%	有效百分比/%	累积百分比/%
有效	文化娱乐活动	108	15.7	15.7	15.7
	失能或半失能老人的照料服务	93	13.5	13.5	29.2
	政策咨询	84	12.2	12.2	41.4
	法律服务	77	11.2	11.2	52.6
	就业技能培训	64	9.3	9.3	61.9
	孩子兴趣特长学习	49	7.1	7.1	69.0
	小学生课后延时服务/作业辅导托管	48	7.0	7.0	76.0
	创业培训指导	39	5.7	5.7	81.7
	残疾人康复	37	5.4	5.4	87.1
	亲子关系等家庭教育辅导	25	3.6	3.6	90.8
	3 岁以下儿童的托幼服务	23	3.3	3.3	94.2
	心理辅导	23	3.3	3.3	97.5
	婚姻家庭辅导	17	2.5	2.5	100.0
	总计	687	100.0	100.0	

养老服务需求方面，通过实地访谈和观察发现，当地老年人几乎丧失了进入劳动市场的机会，没有稳定的收入，每日处于无事可做的状态，心理和精神上都受到一定程度的影响。社区街边存在多处“老人角”，有不少老人闲坐，其每日交谈内容多为生活方面的不易之处。社区内虽有广场舞、艺术团等社区社会组织，但存在缺少活动场地及配套设施等问题，迫切需要休闲娱乐、心理疏导、专业照料等服务项目。

就业服务需求方面，大量国内外研究证明，职业技能培训能有效提升居民技能和收入水平，以实现更加充分、更高质量的就业。

对滩区迁建村(居)民的职业技能培训参与情况调查发现,职业技能培训对于滩区迁建社区居民的收入增加具有较好的正向效果。对参与过职业技能培训的受访者的培训次数与其收入进行回归分析,并加入年龄、性别、婚姻状况、受教育程度等控制变量后,其结果如表 6 所示。

表 6　职业技能培训经历对滩区迁建社区居民收入的多元回归分析

变量	模型 1	模型 2	模型 3	模型 4
培训经历				0.389
1 次(培训次数)				
2 次(培训次数)				0.409
3 次(培训次数)		0.929*		1.22**
4 次及以上(培训次数)				0.658
年龄	0.007	0.004	0.007	0.002
性别	0.791***	0.753***	0.791***	0.738***
婚姻状况	0.754*	0.743*	0.754*	0.732*
健康水平	−0.015	−0.002	−0.015	−0.011
受教育程度	0.2***	0.201***	0.2***	0.2***
常数项	−0.693	−0.654	−0.693	−1.153
R-Squared	0.483	0.509	0.483	0.533

注:*、**、*** 分别表示在 0.05、0.01 和 0.001 的水平上显著。

从表 6 中可以看出,职业技能培训对黄河滩区迁建社区居民的收入具有显著的正向影响。在最终模型中,从培训经历和参与培训的次数来看,尽管“参与”和“参与次数少”对收入水平的影响不显著,但随着参加培训次数的增多,对黄河滩区迁建社区居民收入的正向影响就越明显,且培训次数越多提升效果越好。这表明黄河滩区迁建社区居民的人力资本积累是一个持续的过程,居民的工作能力和职业素养并非靠一次性培训就能得到提升。因此，构建黄河滩区迁建社区居民职业技能培训长效机制是解决其就业问题的切入点与发力点。

但从参与程度看，黄河滩区迁建社区居民约有55.26%未参与过职业技能培训。从未参加职业技能培训的原因分析来看，48.6%的受访者表示“没有时间和精力参加”，而“不知道可以参加培训”和“不知道如何申请培训”的占比分别为29.5%与26.7%。就受访者对职业技能培训政策的了解程度来看，18.4%的受访者表示对此一无所知，51.6%的人稍有了解，只有约28.1%的受访者对于职业技能培训政策具体内容较为了解。了解职业技能培训的受访者获取政策信息的主要途径是通过人社部门和村委会或居委会宣传。上述数据分析表明，迫切需要加大宣传力度，采用多样有效的宣传方式，让更多的滩区迁建社区居民了解国家终身教育职业技能培训政策，并从中获得提升。

社区融合：参与程度低，归属感不强

一是迁建社区居民的融合度问题没有很好解决。迁建社区大部分都是几个村合并建设在一起，居民之间不熟悉，乡村文化有差异，思想观念、生活方式不尽相同，村庄迁建合并后，彼此间心理上的隔阂仍未消除。

二是多数迁建社区内人口流动性呈现出日益增长的趋势。在人口流出方面，目前适龄学生数量较多，优质教育资源欠缺，导致大量义务教育阶段儿童向外流动；迁建社区普遍缺少就业机会，且就业层次较低，大多数青壮年劳动力外出务工。新建成的社区相较于原村庄而言，居住环境更好，房价也较低，吸引了一些未迁建村的村民及外地人口入住，他们对社区的认同感和归属感不强。本地居民与外来人口间的界线比较分明，也在一定程度上影响了迁建社区的融合。

三是迁建社区的村(居)民主动参与意识不足。村(居)民所参与的大多数活动都是在政府和村(居)委会推动下进行的,多数是被动参与,积极性较低。

(2)组织层面

村级党组织:核心作用发挥良好,党员年龄结构老化

村级党组织是社区治理的核心领导力量,在社区治理中发挥着重要作用,具有思想引领的重要功能。目前黄河滩区迁建社区的党组织有如下两个特点。

第一,村级党组织的核心作用明显。实地调研发现,滩区迁建村庄均采用"一核多元"的治理模式,即以各村党组织为核心,发挥村委会、村民理事会等多元主体作用。各村党组织在决策中发挥主导作用,"四议两公开"的决策机制实行良好。此外,还定期开展党员学习教育活动,每年发展新党员,并安排人员进行值班,以维护村庄的日常安全和秩序。通过多元主体的协同作用,迁建村庄形成了以党建为引领,自治、德治相结合的基层治理体系。

第二,村级党组织成员年龄结构老化,导致内生动力不足。在1023份调研问卷中,通过分析发现党员年龄结构呈现偏老化,60岁以上党员占全部党员比例为57.62%。村党支部书记年龄集中在45—55岁,承担着较为繁重的工作任务。以孝兴家园社区洼里村为例,共有党员21人,10名党员的年龄在60岁以上。实地访谈发现,各村每年发展新党员有名额限制,在一定程度上限制吸引更多年轻人才加入党组织,党员构成呈现出老龄化特点。虽然老党员拥有丰富的基层工作经验和人生阅历,但他们的学历水平可能相对较低,影响他们对现代化治理理念和方法的理解,不利于顺利完成迁建社区的过渡。

村民自治组织:村民自治制度完善,协商机制有待完善

村民自治组织即村委会是基层群众自治性组织,广大农民群众由此直接行使民主权利,依法办理群众事务,实行自我管理、自我教育、自我服务。目前黄河滩区迁建社区的村民自治组织有如

下两个特点。

第一，村民自治制度较为健全，但村民参与度低。以孝兴家园为例，在滩区迁建工作完成前，由各村村民委员会负责管理各村一切事务。滩区农民完成上楼后，农民的生活场所由原先居住空间相对分散的村庄转变为居住空间相对集中的社区。管理模式也变为由村委会和街道管区混合进行管理的双轨制管理模式，但目前社区人员构成多为老人，因而多数需要召开村民会议进行决策的事务，大都是由村委会直接做出决定，较少征求村民意见，村民很难直接参与到社区治理当中，参与度较低。

第二，社区未建立合理的沟通平台，协商制度有待完善。迁建社区的居民多来自不同村庄，在村委会和街道管区混合进行管理的双轨制管理模式下，居民及各个村委会之间由于地缘、人际关系等因素，存在一定壁垒，加之没有统一的沟通平台，使得各村委会之间易出现意见分歧和冲突，增加矛盾，导致社区融合度下降。

集体经济组织：集体经济发展缓慢，组织职能趋于停滞

集体经济组织多表现为农村合作社的形式，其职责就是针对村集体资产进行经营管理。若村集体经济组织发展良好，集体经济组织将给村(居)民提供一笔可观的收入，村(居)民的生活质量相应提高，有利于提升村(居)民对新社区的认同度与归属感。目前黄河滩区迁建社区的村级集体经济组织呈现出如下特征。

第一，集体经济发展缓慢。各村集体经济组织发展水平存在明显差距，各村可以连接的资源有限，导致各村发展不一，想要整合发展存在困难。虽有个别村依靠土地流转获得集体收益(例如孝兴家园后楚村)，但仍有 6 个村庄无集体收入，处于负债状态，历史债务较多，难以推动村集体经济的发展。

受访村民：能有什么钱啊？家里就三亩地，每年 2400(块)，我们俩一人每个月 1800(块)，有时候孩子回来会给点，就这点钱了。(B50，女，67 岁，C 村村民)

同时，目前仍由村民委员会负责管理村集体经济，代行村集体经济组织的职能，集体经济组织运行缺乏专业化管理，地位虚化。

第二，村集体经济组织以发展农业为主，收入较低。目前孝兴家园的多数村集体经济组织主要依靠集体土地这一资源性资产，收入渠道较为单一、孱弱。在经营方面，以发展第一产业为主，进行土地流转，第二、第三产业尚未发展。

目前，股份制合作社实行"静态管理"方法，遵循"生不增、死不减、进不增、出不减"的管理原则。但在执行集体经济组织成员资格认定标准时，呈现出成员认定标准尺度不一的状况。各村集体经济组织福利待遇不能惠及全体村（居）民，这种福利不均等导致村集体经济发展缓慢的村（居）民心生怨气，存在激发村（居）民与村两委班子矛盾纠纷的可能性。

社区社会组织：居民组建意愿不强，专业社会组织缺位

以社会团体和社会服务机构为主体组成的社会组织，是我国基层治理现代化建设的重要力量。[①] 社会组织主要分为两种，一种是居民自愿组建的社区社会组织，主要满足居民的文化娱乐需求；另一种是专业化社会组织，主要满足居民的专业公共服务需求。目前黄河滩区迁建社区的社会组织特征如下。

在社区社会组织方面，居民参与社区活动的意愿不强。通过表7可以看出，调研对象中从未参加过社区组织的人数占比高达89.4%，参加过社区组织的人数只占10.7%，且多数居民参加的社区社会组织为广场舞队、艺术团等。由此可知，当前社区社会组织成员人数少，居民主动参与社区社会组织的意愿不强，参与积极性未被调动，且社区社会组织的类型、形式单一，难以满足居民多样化、个性化的需求。

---

① 参见文军、陈雪婧：《社区协同治理中的转译实践：模式、困境及其超越——基于行动者网络理论的分析》，《社会科学》2023年第1期。

表7 迁建社区居民参加社区组织类型统计

		频次	百分比/%	有效百分比/%	累积百分比/%
有效	从未参加	862	84.3	89.4	89.4
	广场舞队	82	8.0	8.5	97.9
	艺术团	17	1.7	1.8	99.6
	其他	3	0.3	0.4	—
	总计	964	94.3	100.0	100.0
缺失	系统	58	5.7		
总计		1022	100		

专业化社会组织尚未配备,难以提供居民应当享有的公共服务。街道(乡镇)社工站尚处于筹备建设阶段,民办社会工作机构等专业化社会组织缺失,且缺乏专业化社会组织开展活动所需的场地设施,居民不断增加的多样化、个性化、专业化公共服务需求难以得到及时满足。

总体而言,在迁建社区,现有的社会组织作为多样化服务提供的主体,难以发挥其应有的作用,未能使居民更好地参与社区治理、表达利益诉求,未能起到推进社区整合治理与稳定发展的作用。

物业服务公司:以市场化服务为主,社区治理参与度低

物业公司指的是根据物业准则进行各种专业化管理工作,并向小区业主提供有偿的主要包括物业维修、物业环境、物业安全三方面综合性服务的企业。目前黄河滩区迁建社区的物业公司特征如下。

以市场化服务为主,社区治理参与度低。以孝兴家园为例,社区迁建工作完成后,引进了物业公司为社区居民提供安保、卫生清洁、设施资源维护、相关手续办理等方面的服务。该公司现有员工共135人,其中130人皆为本社区内居民,包括保洁40人、保安60

人。保洁人员每人每日要负责 4 栋楼的全部清洁工作，工作量极大，安保人员主要在监控室内进行安全监控及在社区内进行巡逻。但实际调研中发现，由于缺乏第三方的有效监管，该物业公司所提供的服务存在数量少、质量差、水平低、效率慢等问题，多数居民对其所提供的服务满意度较低。

受访的物业公司负责人：老人有的时候不了解物业费，不肯交，又不能直接停掉电梯（不让居民使用），有的时候就是和村民这方面的沟通有点问题。今年 3000 多条维修问题，几乎都是卫生间漏水、防水、窗户缝大的问题，这些其实不是我们物业的事，是房地产的事，但是村民不知道，有事就找物业。（A50，男，48 岁，M 村物业负责人）

大多数居民并不清楚物业公司的服务范围及相关责权范围，出了事情就找物业，遇到不属于物业管辖范围内的问题，也归因于物业失职，居民与物业公司之间的矛盾较为突出。

4.黄河滩区迁建社区治理体系的内在张力

黄河滩区迁建工程现今只是完成“搬出来”的第一步，如何“住得稳”是后迁建时代需要重点解决的问题，而“稳”的关键是理顺和优化社区治理体系。如前所述，黄河滩区迁建社区是一个典型的“多村一社区”的过渡型社区。以孝兴家园为例，在滩区村民迁建之前，实行村级党组织为核心的村庄治理模式。滩区村民集中上楼安置后，身份转变为居民，生活场域由原先居住空间相对分散的村庄转变为居住空间相对集中的社区。在管理体制上，迁建后的孝兴家园沿袭原有的乡村治理方式，设置了管区，管区之下各村的村“两委”继续发挥着管理服务作用，并未成立社区层面的居民委员会，从而形成了“管委会＋村两委”的双轨制管理体制（见图 2）。

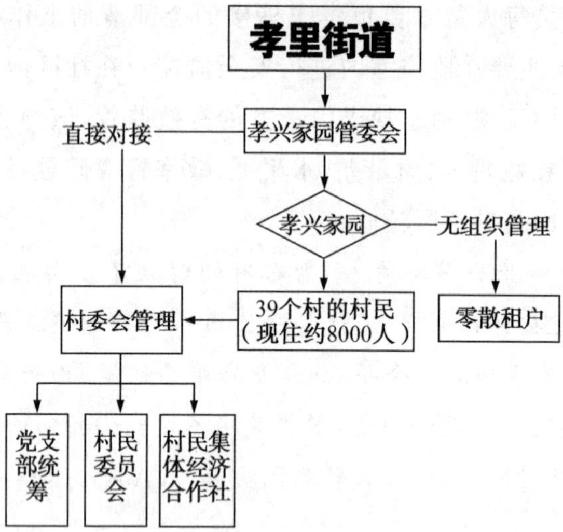

图 2　孝兴家园组织管理架构

这一特殊的过渡型治理体系存在内在的结构张力,主要体现在以下两个方面。

第一,纵向上"双轨制"农村管理模式难以适应社区化管理服务要求。

首先,以村庄为治理单元的农村管区管理模式与社区居民的属地化管理之间形成张力。孝兴家园按照 80 平方米、100 平方米、120 平方米等不同面积的安置楼房划分为四个安置小区,滩区村民在上楼安置过程中,每家每户根据各自不同的搬迁补偿面积选择搬迁安置房,形成了"大杂居、小聚居"的居住模式。

我们自己是物理上楼,但是还没有做到一个环境的融合,现在我们的生活方式和居住环境已经是不适应了,上楼的第二年很多问题已经凸显出来了,我们把这个叫作"大杂居,小聚居"。(A1,男,42 岁,孝里镇政府干部)

这种插花式居住方式打破了村庄界线,一个居民楼单元或同一楼层的居民可能来自若干不同的村庄,加之整个新社区还有一定数量的外来常住居民,人们仿佛一夜之间从原来的村庄熟人社会或半熟人社会进入了陌生人社会，各村居民之间、新老居民之间界线明确，相互之间缺乏认同感和归属感。从“村民”到“居民”，不仅仅意味着户籍身份的转变，更需要一个对“新社区”融入、认同、归属的长期过程。因此，以村庄为治理单元的农村管区管理模式已难以适应迁建居民新的居住方式和特点。按照居民属地化管理的原则，推进迁建安置小区的社区化管理，已成为完善基层管理体制的必然趋势和必然要求。

其次，以村庄为治理单元的农村管区管理模式与社区公共服务供给均等化要求之间存在张力。享有基本公共服务是滩区迁建居民的基本权利，促进迁建社区公共服务均等化是政府的重要职责。而以村庄为单位的农村管区管理模式依旧保留了各村的村级集体经济组织，各村的村级集体收入状况和负债状况不尽相同，导致村(居)民以村集体经济组织成员身份所享有的村集体福利待遇也不一致。

现在的物业费是 7.5 毛一平方米，这个社区大概是入住了 39 个村，有 17 个村能够垫付，但是每个村的垫付情况不太一样，有的村能垫 6 毛，有的村能垫 5 毛，3 毛、4 毛的都有，就是看每个村的具体情况。(A16，男，45 岁，孝兴家园物业公司负责人)

村“两委”一度想承担小区的物业费，以减轻本村集体经济组织成员生活负担。但是本小区中的居民中有很多是其他村的居民，也有不少本村居民住在其他小区，若使用村集体收入缴纳小区物业费，于情于理都会遭到本村居民的反对。

第二，横向上各治理主体应然角色定位与实然角色表现之间存在错位。

在迁建社区治理体系中，党组织、自治组织、集体经济组织、社区社会组织和市场化组织等，共同成为基层社会治理的行动主体。参与社区治理的行动者具有多元性与差异性，代表了不同的领域。在以村庄为治理单元的农村管区管理模式这一现实治理情境下，治理主体自身应然角色定位与实然角色表现之间存在矛盾，不同治理主体之间因利益取向、价值偏好、组织资源与行动逻辑的不同而相互掣肘的情形较为普遍。

今后集体经济组织合作社是管财产的，但是居委会的形式还是没有探索好，看是想以村为支部，还是以楼道或是以网格建立支部，现在还是有争议。因为从发展党员的程序上讲，以村为支部是比较现实的，但是要更好地发挥党员的先锋作用，以网格的形式更好。(B1，男，61岁，L村村委会委员)

由此导致迁建社区治理体系的多重结构性张力如图3所示。

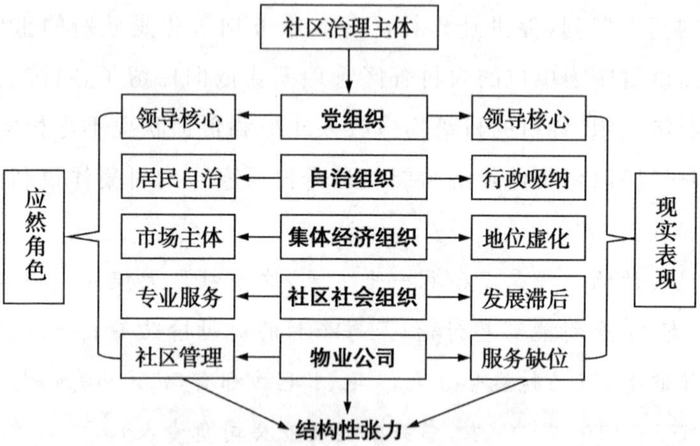

图3　社区治理结构性张力框架

村民自治组织地位矮化

目前迁建社区在传统村级治理框架下，村党支部和村民委员会的人员基本上是交叉任职，共同承担村庄公共事务的管理工作。一是村级组织机构的职能不分。村"两委"特别是村党组织对公共资源进行直接控制调配，致使村民自治缺乏运行空间，因而在实践中长期存在党组织和自治组织职能不分、自治职能和经济职能不分、自治职能和社会管理及公共服务职能不分，以及议事、决策、监督职能不分等制度缺陷。[1] 二是村民会议的制度安排难以落实。大量青壮年人口外出打工以及现今社区人员组成导致客观上难以召开村民(代表)会议,同时村民委员会主观上怕麻烦或担心遭到反对而不愿召集会议,致使许多本应由村民(代表)会议决策的事项实际上最终由村干部说了算[2],村民会议形同虚设。三是村委会"行政化"倾向较为严重。村委会承接了来自基层政府安排的诸多工作任务,在实际运行中主要是作为上级政令传达的窗口和基层政府的"一条腿"。总之,村委会虽然为群众自治性组织,但事实上更倾向于政治组织和行政组织,自治"应然"角色与行政"实然"角色的差异反映了其矮化的自治地位。

集体经济组织地位虚化

村集体经济组织的发展直接关系到社区居民的福利供给水平。以孝兴家园为例:孝兴家园的 39 个村已全部完成了农村集体产权制度改革,成立了股份制经济合作社,理事会、监事会的负责人一般由村党支部书记、村委会主任分别担任,部分由村"两委"或其他成员担任。集体经济产权改革的关键点,一是清产核资、量化股权,二是确认集体经济组织成员(股东)身份。在清产核资方面,大多数村是"有集体,无经济",除了集体土地这一最大的资源性资产以外,经营性资产大多为零,集体经济收入渠道单一。村集体经济组织孱弱、集体收入水平低直接影响到村"两委"工作经费特别是工作人员酬劳。集体经济实力强的村庄,能够为村干部提供较为可观的收入补贴,为村民提供比较完善的社区公共服务。大多数无集体经济收入的村庄,村干部的收入补贴低微,导致很多村干部工作动力不足。总体而言,集体经济组织存在感低,地位虚化,管理业余化,收入来源少、支出需求大。

---

① 参见雷琼:《乡村实现共同富裕的现实内涵、困境与制度创新:基于乡村治理视角》,《广东财经大学学报》2022 年第 4 期。

② 参见殷民娥:《多元与协同:构建新型乡村治理主体关系的路径选择》,《江淮论坛》2016 年第 6 期。

社区社会组织发展滞后

社区作为一种自我管理、自我服务的地域生活共同体，居住在此的居民在相互熟识、相互联系基础上成立的各类社区自治组织应该成为社区治理中重要的力量。但实地调研发现，当前迁建社区的常住居民对于社区组织认识尚浅，自发建立社区组织的意愿不强。再加上缺乏活动场所、专业指导，当前的社区组织无法有效地将居民组织起来发挥作用，满足居民不断增长的多元化、个性化、专业化公共服务需求。业主委员会也是现代社区居民自治的一个成熟表现，其主要功能就是为居民和物业等市场化组织提供沟通平台以推进社区协商治理。但目前孝兴家园尚未成立业主委员会，基本由村“两委”作为居民与物业之间沟通的桥梁。物业想要对消防通道晾晒粮食、飞线充电等社区环境问题进行整治，也都是和村委会进行对接沟通，物业公司参与社区治理的程度有限。

5.创新黄河滩区迁建社区治理的相关对策建议

如上所述，当前黄河滩区村(居)民迁建社区治理工作正处于探索阶段，在这一过渡性的社区治理结构中，党组织、自治组织和集体经济组织功能分化弱化、权责边界不清晰，难以适应居民迁建后的社区化管理服务和公共服务均等化的要求。这一过渡性治理难题的破解本质上既是一个总体性治理过程，也是一个包含社区组织架构重建、基层党建引领、群体利益整合、协商机制构建、公共服务供给的系统性治理工程，迫切需要理顺社区治理体制机制、打造社区治理共同体，可以说对基层社区治理理念与治理能力提出了新挑战新要求。而为确保现阶段居民在迁建社区“住得稳”，就要以公共服务供给作为社区工作重点。未来黄河滩区迁建社区治理结构可确定为“两级架构、一核多元、各归其位、各负其责”。下文拟从优化健全社区组织架构、理顺社区治理体系、完善社区公共服务供给体系三个方面提出创新黄河滩区迁建社区治理的对策建议。

(1)优化社区组织架构:两层架构,一核多元

未来要创新黄河滩区迁建社区治理,提升社区治理能力,首先需要优化健全社区组织架构。黄河滩区迁建社区治理的"两级架构"是指在纵向上实现管委会—村庄双轨制向社区—网格双层制的治理结构转型,取消管区设置,依据法定程序、按人口户数规模,成立若干个社区,并在每个社区下建立若干个网格。"一核"指党组织,"多元"包括自治组织、集体经济组织、党群服务中心、群团组织、社会组织等(见图4)。

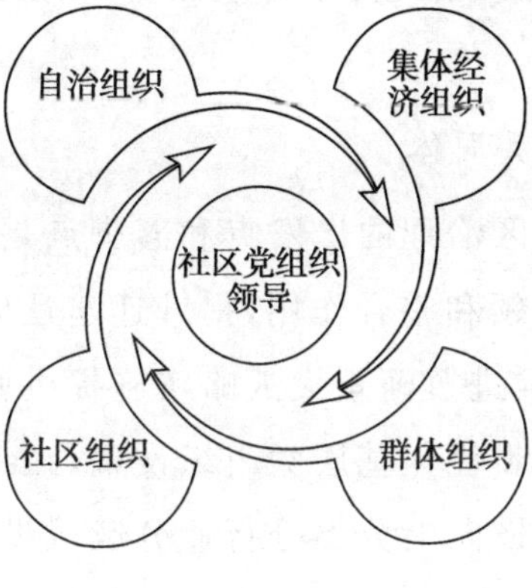

图4 "一核多元"组织结构

建立网格化治理模式

以社区综合网格为载体,落实"多网合一、一体运行"的融合机制,将基层党建、社区服务、平安建设、综合执法等各类网格整合成"一张网",建立健全黄河滩区迁建社区综合党委—网格支部—党小组—党员中心户的有机联动机制。以社区工作力量为骨干,推动街道党政机关、党员干部工作人员下沉,社会组织、专业社会工作者、志愿者队伍为辅助,共建共治的机关、企事业单位党员干部为后备,着力打造过硬网格队伍,并不断健全完善社区网格员管理制度。

基于黄河滩区迁建社区的现实情况，要充分发挥原村“两委”的积极作用，将其纳入社区网格化治理中。从各村“两委”成员中择优选拔或竞聘专职网格长和网格员。充分利用其良好的群众基础，扎密扎牢风险隐患排查防控工作“篱笆”，实现信息在网格收集、需求在网格发现、隐患在网格排查、环境在网格维护、服务在网格开展，形成“平时管用、战时能用、平战结合、有序转化”的网格化社会治理新常态，提升迁建社区的整体治理能力和水平。

同时，根据社区治理需要，提供必要的治理资源，包括所需各类社区工作人才，社区治理配套专项经费，社区办公服务设施规划建设等。

打造社区治理共同体

“一核多元”社区治理的出发点和落脚点是：发挥党组织在迁建社区治理中的统领和整合作用，提升迁建社区公共管理和公共服务水平，为纵深推进黄河重大战略实施提供坚实的政治和组织保障。这需要进一步优化基层党组织设置，在纵向上党组织划分社区、网格两级，在横向上分类分行业分区域设立党组织，以社区党建统筹“两新”党建。在新的社区组织架构体系中，通过“分权”与“限权”的制度建设，促进社区治理的事务类别化与权责明晰化，确保各社区组织“各归其位，各负其责”。

一是社区党组织和社区居委会。社区党组织是社区组织和社区工作的领导核心，要实现新设社区党建工作和党组织活动向社区全体党员全覆盖，充分发挥党组织统筹协调、决策把关、规划建设、政策引导、维护稳定等职责。设立新的社区居委会以后，居委会成员由具有选民资格的常住居民选举产生，服务对象范围包括本地人和外地人在内的整体人群，充分发挥强化社区建设、培育社会组织、发展社工服务、提高居民幸福感等社区服务功能。二是成立社区党群服务中心、社区工作室、群众性社团等基本组织，适时引导成立社区环境和物业管理委员会、业主委员会。三是建立社区服务、社区协商议事、居民矛盾纠纷化解、社区物业管理服务等方面的社区规章制度。

(2)理顺社区治理体系:各归其位,各负其责

“各归其位,各负其责”是指要采取切实有效措施落实和保障党组织的领导核心地位,村民自治组织要回归本位,集体经济组织按照市场化、专业化原则组建运行,并支持群团组织、社会组织参与社区化建设,并通过多种形式向黄河滩区迁建社区输送专业化服务,满足居民群众多元化需求。下一步黄河滩区迁建社区应以加强社区党组织建设为重点,打造基层坚强领导核心,健全党组织领导、居委会主导、人民群众为主体的黄河滩区迁建社区治理体系,全面提升迁建社区治理效能。

加强社区党组织领导核心力量

黄河滩区迁建社区作为推进区域化党建重要一环,推进迁建社区党组织能力建设,推动迁建社区建立健全党建引领的多方主体合作治理体系。一是建强“头雁”队伍。根据基层党组织换届选举规定程序和条件,选拔思想政治素质高、协调能力强、热心为群众服务的优秀人员,选优配强社区综合党委班子。二是尝试建立完善“六位一体”社区治理模式。[①] 推进社区党建、居民自治、社区服务、物业管理、社区教育、社会治安等部门人员进行双向交叉任职,通过相关程序,让社区民警、物业公司、驻区单位、社会组织等方面的党员代表兼任社区综合党委委员;让符合条件的社区“两委”成员通过法定程序兼任社区各类组织的委员(成员)。在街道党工委领导下,做好党员党组织关系转移、接收过程中的各项管理服务工作,推动形成“街道党工委—迁建社区党委—社区网格党支部—楼宇党小组—党员中心户”的基层党组织体系。如东营市垦利区杨庙社区创新了“一统领六融合”社会治理模式,以党建统领

① 参见姜晓萍、吴宝家:《警惕伪创新:基层治理能力现代化进程中的偏差行为研究》,《中国行政管理》2021年第10期。

全局，推进组织、产业、文化、治理、生态、居住六个融合，从昔日黄河滩里的“穷窝窝”发展为产业兴、人民富的幸福家园。

充分发挥基层群众性自治组织的基础作用

街道应当指导新设社区居委会依法推进民主协商、决策、监督等自治实践，提高居民群众依法自我管理、自我教育、自我服务的能力和水平。一是建立健全社区协商议事机制。创新社区居民诉求表达、协商议事、集体决策、民主监督工作机制，健全完善居民参与社会治理的组织形式和制度化渠道，以协商作为解决治理问题的途径，将协商民主的形式合理地应用于治理领域，引导居民合理、合法表达诉求，建立诉求表达和情绪疏解渠道，调动居民参与治理的热情和积极性。二是识别社区意见领袖。密切关注之前信访频繁的重点人员，定期走访其生活情况、沟通并回应其诉求建议，将社区在服务改善、矛盾协调等方面的工作进展同其定期沟通。对于在居民中拥有较高威信的居民代表和意见领袖，将其作为社区重要决策、社区协商议事、社区活动的关键参与者、合作者，发挥其同居民沟通、诉求表达、居民动员中的治理价值。

促进村级集体经济组织发展壮大

发展壮大集体经济组织，可以在一定程度上增加居民的可支配收入，缓解居民收入少的现状。按照“政经分开”的原则，创新村集体经济管理模式，实现“村(居)民”变“股民”，村集体经济组织与社区自治组织在人事和管理上的分离。

当前黄河滩区农村集体经济产权改革完成不久，村集体经济组织成立伊始，绝大多数村集体经济收入较少，政经分离的改革成本很低，正是改革启动的最佳时机。可借鉴珠三角地区的成熟做法，以村集体经济组织“两确权”、股份经济合作社的组建为切入点，在街道层面成立股份经济合作社，将各个村集体经济和集体财产的运营管理权能通过托管的方式赋予街道股份经济合作社，街道政府统筹产业发展规划，街道股份经济合作社聘请职业经理人统一经营。这一发展路径的好处在于可提高村级集体资产和资源特别是村宅基地推平复耕后的新增村集体土地的集约化效益,增加村集体经济组织及其成员的收入和福利,促进黄河滩区共同富裕;同时,也将自治组织从集体经济微观层面上的运营管理中解放出来,解决长期以来自治组织自治缺位、经济越位的问题,确保其在社区(村)党组织的领导下专心搞好社区自治,全心全意服务社区居民。如东阿县铜城街道艾山村依托当地艾草资源,聚焦艾草深加工产业发展,通过"支部领办合作社+龙头企业合作"模式实现"种植、生产、加工、销售"一体化运营,开发纯手工打造的艾草香囊、艾草枕头以及艾条、艾绒、艾柱等产品,推动了一、二、三产融合发展,拓宽了销路,促进了居民增收。

政经分开的同时,通过党建联合体作用的发挥和交叉任职等制度安排,确保党组织在村级集体经济中的领导核心地位,加强村级集体经济组织的党建引领。村党支部撤销后,可将原村党支部的成员纳入新成立的村级集体经济组织党支部。

此外,要进一步规范村集体经济组织成员的资格认定以及股权分配制度。原有的村集体经济组织采取"静态管理"方法,遵循"生不增、死不减、进不增、出不减"的原则,群众对此意见较大。应在依法依规的前提下,建立动态管理的机制,设立每年股民身份资格认定的基准日,尊重历史、兼顾现实,进行合理调整。

大力培育发展社区社会组织

加强社区社会组织项目培育和实践合作。一是建立街道社工站,强化项目意识。提升街道社工站、社区社会组织需求调研、项目设计和项目运作水平,促使街道社工站更深入地融入社区治理,促使社区社会组织更充分、更积极地参与社区事务,在凝聚社区共识、提高居民参与度、推进社区情感治理中发挥作用。[1] 二是引导

① 参见韦仁忠:《关系式社区动员:提升城市治理效能的角色、困境及实践路径》,《四川大学学报》(哲学社会科学版)2022 年第 6 期。

和支持迁建社区的社区社会组织成立和规范发展。充分发挥社区、社会工作者、社区志愿者、社区社会组织、社会公益慈善资源联动效应。

理顺物业治理主体关系

完善居委会、物业协同合作的工作机制。以孝兴家园为例,可按照上级部门印发的《关于以党建引领规范和加强社区物业服务管理工作的意见(试行)》,全面推行"双向进入、交叉任职",推荐优秀的物业服务企业(项目)负责人担任社区居委会兼职委员。

完善物业服务工作机制,提高居民的幸福感。建立物业服务项目,实施负责人社区报到制度、物业服务恳谈会制度、规范物业服务企业报告事项等具体举措,不断提升物业服务水平。建立"街道物业协会—小区物业公司—派驻物业管理协理员"的管理体系,通过网格员兼任物业管理协管员等举措,将物业治理事务纳入社区组织协商框架内,为物业治理事务的责任落实提供保障。

(3)完善社区服务供给:把握重点,积极引导

积极进行资源链接

发挥顶层推动、平台协调作用,充分调动各方力量,广泛汇集各类资源,不断提升社区治理和服务精准化、精细化水平。强化供需对接,开展黄河滩区迁建社区专业服务项目洽谈会、公益创投大赛、社会组织大集等社区公益服务供需对接活动。如济南市孝里街道为解决社区飞线充电问题,积极与多家充电桩企业进行交流,通过竞标的方式为社区引进充电桩。

此外,还应加大街道社工站建设力度,充分发挥社会工作的民间性、公益性、低成本、专业化的特征与优势。通过街道社工站,打通服务群众的"最后一米",重点为困难家庭、失能或半失能老人、困境儿童、残疾人等弱势群体、特殊群体以及其他有需要的人员,提供精神慰藉、人文关怀、能力提升、社会融入、资源链接等专业社会工作服务,解决群众"急难愁盼"问题。

把握养老、就业的社区服务重点

以养老、就业服务为重点，做好特殊困难群体社区服务与社区救助工作。迁建社区老年人比例高，他们无固定收入来源，经济条件较差，且部分生活困难。医疗、养老等社区基本公共服务需求尤为迫切，是迁建社区治理与社区服务的头等大事。迁建社区应结合多方力量、共同发力，将区级层面的医疗、养老等设施、资源和人才下沉至街道、社区。街道、社区全面排查、系统梳理、不加遗漏地识别迁建社区现有特殊困难家庭，建立特殊困难家庭帮扶台账，提供必要的物资救济和经济援助。面向迁建社区“4050”人员、残疾人、困难家庭等，提供社区公益岗位，解决弱势群体就业困难。

基层党组织应充分发挥党建引领作用，破解空巢失能老人养老难等问题。积极走入群众中，了解群众想法，主动为群众介绍现今有关政策，如就业、低保、养老金等内容；社区发挥基层群众自治组织作用，定期召开居民大会，了解和反馈老年人服务需求信息和服务资源信息；鼓励专业化社会组织如养老机构参与居家养老服务设施的运营管理，延伸养老服务，为居家老年人提供上门照护、日间照料、短期托养等多样化、个性化的服务，满足居民专业照料需求；针对多数老年人文化娱乐需求，通过推动自组织的成立，发展社区活动中心，定期举办活动，助力社区再现活力（见图 5）。

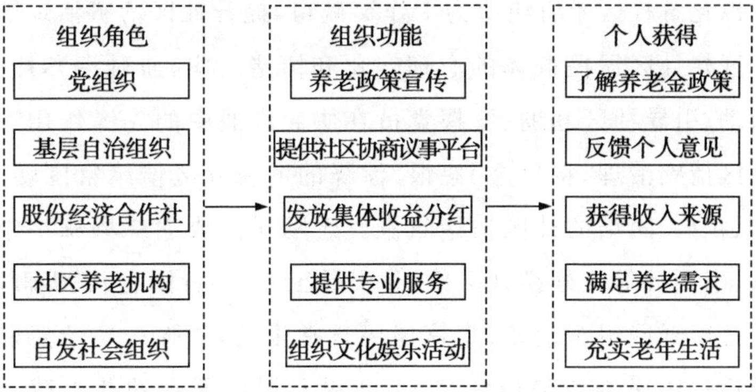

图 5　养老服务供给

在促进就业方面，在政府链接多方资源的同时，各社区应因地制宜、发展当地特色产业，以产业带动就业，推动居民增收致富。如聊城市莘县艾山新村发挥乡绅力量引进资金，大力发展艾草产业，形成了完整的产业链并扩大社区就业岗位供给，为当地就业困难人员、失业人员及其他劳动者提供了就业机会。孝兴街道后楚村以"侨胞之家"作为广大归侨侨眷联谊、互动场所，充分发挥基层侨联组织作用，成为当地招商引资、招才引智的重要平台。

鼓励居民参与社区治理

社区居民是社区治理的主体之一。当前迁建社区的居民对党委政府的相关政策、规定、工作了解得不深，容易引发思想对立等问题，为社区的长治久安埋下隐患。加大相关治理政策、规定的宣传力度，增进与增强居民对党委政府工作的理解和认同，引导居民培养社区集体意识、自我服务意识、自我创新发展意识，全面提升社区自治能力。通过福利补贴、名誉建设等手段，挖掘、吸引社区中的乡贤资源，使其发挥"领头羊"的作用，帮助推动社区人力、物力资源整合，完善社区互动网络建设，促进社区成员之间互融共创，以更好地提升社区组织、管理、决策的效能。

提高社区情感治理能力

以化解社区矛盾纠纷为工作突破口，提升社区情感治理能力。关注迁建社区居民群体的心理变化和情绪反应，通过举办社区文化活动、引导社区互助、发挥党员在协商沟通中的先锋作用等，推进社区情感治理，将焦虑、怨恨、浮躁的消极社区情绪氛围转变为和谐、积极、团结的社区情绪氛围。鼓励居民成立广场舞小组、秧歌队、书画社等文娱型社区组织，引导工会、共青团、妇联等群团组织进社区开展组织活动，丰富居民日常生活，加强居民情感联系，疏导拆迁居民内心消极情绪，不断提升居民群众的获得感、幸福感、安全感。

6.结束语

健全黄河滩区迁建社区的治理之策，是完善黄河滩区迁建工作，回应践行黄河流域发展重大战略的重要工作，也是推动社区治理现代化，提升社会治理能力和治理水平的现实需要，更是坚持“以人为本”，实现可持续发展的必然要求。自迁建工作推行以来，各迁建社区历经心理情感、社区文化、制度体系、公共服务等维度的变革。在此背景下，各迁建社区不断探索社区治理的新路径，以求构建共治共建共享的社会共同体。

本文基于对山东省济南市长清区、滨州市滨城区、菏泽市东明县、聊城市莘县、东营市垦利区杨庙社区五地市黄河滩区迁建社区的实地调查与研究，从居民、组织两个层面分析迁建社区的阶段性特征和现存问题，探究问题成因，认为过渡型社区的治理体系存在内在的结构张力，总结借鉴迁建社区治理的成功经验，从优化健全社区“两层架构，一核多元”的组织架构、建立现代社区网格化治理模式、打造现代化社区治理共同体，理顺社区治理体系、推动各治理主体各归其位、各尽其责，完善社区公共服务供给三个维度提出优化迁建社区治理的路径。

黄河滩区迁建社区的过渡型社区样态具有一定的典型性与代表性，但各迁建社区在社区类型、发展水平、社区资源等方面存在客观差别，无法一概而论。各迁建社区仍需因地制宜，结合当地发展特点，抓取社区治理过程中的主要矛盾和主要问题，探索特色的、现实可行的治理之策。

后记

在编写《基层合作治理案例与解析》一书的过程中，得到了多方的支持与帮助，在此谨向所有贡献者表示最诚挚的感谢！

感谢那些在基层治理实践中默默奉献的工作者。是你们的辛勤工作和不懈努力，为本书的编写提供了丰富的实践案例和宝贵的素材。你们的故事不仅丰富了本书的内容，更为学术界和社会带来了积极的影响。

由衷地感谢那些接受访谈、提供数据资料的专家和一线工作人员。你们的专业见解和无私分享，使得本书能够更加深入地剖析基层合作治理的模式与机制。同时，也要感谢案例调研中涉及的企事业单位、街道办、社区居委会、社会组织以及社区居民的支持，没有你们的开放态度和协作精神，本书的研究将无法开展。

感谢范承洁、白玉雪、孙霞、陈德云、韩梦君等同学在案例资料收集过程中的辛苦付出与积极配合。感谢所有给予帮助和支持的人们。希冀通过我们的共同努力，探索更多可能，共建美好未来，实现人与社会的共生共荣。向所有读者致以谢意！是你们的关注和支持赋予了本书生命，希望本书能够成为连接学术研究与社会实践的一座桥梁，为推动基层合作治理的发展贡献一份力量。

最后，再次向所有为本书付出过努力和贡献的人们表示最诚挚的谢意。期待在未来的研究中，我们能够继续携手前行，共同探索更加有效的治理之道。

作　者

岁次甲辰初秋于济